생각한 대로 말하는 대로

술술
글쓰기
마법책

발전책 2

파스텔하우스

오현선(라온오쌤) 지음

대학원에서 독서 논술을 전공하고, 독서교육 전문가로 24년째 활동하고 있습니다.
독서 교실을 운영하며 어린이들과 매일 읽고 쓰고요,
도서관과 학교에서 양육자님들을 만나며 독서교육의 참 가치를 전달해 드립니다.
네이버 카페 '라온북다움'을 통해 전국의 어린이들과 읽기, 쓰기도 함께하고 있어요.
지은 책으로 《초등 미니 논술 일력 365》,《하루 10분 초등 신문》,《초등 1학년 기적의 첫 독서법》,
《뚝딱! 미니 논술》,《초등 완성 생각정리 독서법》,《초등 짧은 글+긴 글 3단계 완주 독후감 쓰기》,
《하루 10분 바른 글씨 마음 글씨》,《우리 아이 진짜 독서》,《우리 아이 진짜 글쓰기》 등이 있습니다.

유튜브   라온쌤의 독서교육 TV | 라온쌤 글쓰기
블로그   blog.naver.com/few24 (오쌤의 독서교육 이야기)
인스타그램 @raon_book_teacher
네이버카페 라온북다움 cafe.naver.com/laonbookdaoom

유민하(루잇) 그림

대학에서 시각디자인을 전공하고, 지금은 어린이책에 그림을 그리고 있습니다.
어린이들과 동물들의 모습을 담은 따스하고 귀여운 그림을 그리면서 행복을 느낍니다.
그린 책으로 《스토리버스》 시리즈가 있습니다.

인스타그램   @ruiit_

파스텔 창조책 05

술술 글쓰기 마법책 발전책 ❷

초판 발행 2024년 5월 14일
초판 2쇄 발행 2024년 9월 2일
글 구성 오현선   그림 유민하
기획편집 최문영   디자인 스튜디오 서로   제작 공간
독자기획(5기) 김다솜(한서윤, 한윤진), 김지혜(김려원), 변지연(조아진, 조아연), 이고은(최하윤)
펴낸이 최문영   펴낸곳 파스텔하우스   출판등록 제2020-000247호(2020년 9월 9일)
주소 04038 서울특별시 마포구 잔다리로 48, 3층
전화 02-332-2007   팩스 02-6007-1151   이메일 pastelhousebook@naver.com
ISBN 979-11-983329-6-7 74700   979-11-983329-4-3(세트)

글 구성 ⓒ 오현선

잘못 만들어진 책은 서점에서 바꾸어 드립니다.
이 책은 저작권법에 따라 보호받는 저작물이므로 무단 전재와 무단 복제를 금합니다.
이 책의 전부 또는 일부를 이용하려면 반드시 저작권자와 출판사의 서면 동의를 받아야 합니다.

홈페이지 pastelbook.co.kr 인스타그램 @pastelhousebook
다양한 책 이벤트에 참여하고, 독후 활동 자료도 받으세요.
어린이 독자님의 의견과 질문을 언제나 환영합니다.

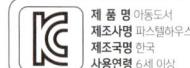

머리말

**이해하기 쉬운 글은 문단을 잘 나눈 글,
세 문장부터 열 문장까지 긴 글도 술술!**

슬픈 하루

> 오늘은 슬픈 날이다. 학교에 준비물을 안 가져가서 선생님에게 혼났다. 수업도 제대로 할 수 없었다.

> 집에 오는 길에는 갑자기 비가 쏟아졌다. 뛰면 뛸수록 더 맞는 것 같았다. 운동화까지 다 젖었다.

> 다 씻고 간식을 먹으려고 했는데 냉장고에 먹을 게 없었다. 엄마는 전화를 해도 안 받았다. 결국 쫄쫄 굶고 학원에 갔다.

윗글을 볼래? **맨 위 칸**은 준비물을 안 가져갔다는 이야기, **중간 칸**은 비를 맞았다는 이야기, **마지막 칸**은 집에 먹을 게 없었다는 이야기가 나와.
이 칸들을 각각 **문단**이라고 해. 내용에 따라 나누어 쓴 짧은 글 덩어리지.

글을 쓸 때는 무엇을 쓰는지도 중요하지만 이처럼 **문단으로 나누어 쓰는 것도 중요해**. 왜냐고? 문단을 나누면 글이 길어져도 할 말을 차근차근 조리 있게 담을 수 있거든. 읽는 사람도 더 이해하기 쉽지.

문단을 나눠 가며 세 문장에서 열 문장까지 글을 써 보자. 문단을 배우는 것은 긴 글도 술술 쉽게 쓰는 힘이 돼. 그럼 시작해 볼까?

― 오현선 선생님이

시작 전 **자기소개 하기**

글쓰기를 처음 할 때 가장 좋은 게 바로 '나'를 소개하는 거야. 너에 대해 알려 줄래?

선생님을 따라 해 봐. 나를 소개하는 글을 각 칸마다 문단으로 쓰는 거야. 문단은 내용에 따라 나누어 쓴 짧은 글 덩어리를 말해.

내가 하는 일

얘들아, 안녕?
나는 어린이들과 매일 책을 읽고
글도 쓰는 독서 선생님이야.

내가 좋아하는 것

나는 책 읽고 글 쓰는 것을 좋아해.
혼자 있는 것은 더 좋아하지!

이 책을 쓴 이유

여러 어린이와 함께 글을 쓰고 싶어서
이 책을 만들었어.
이제부터 신나게 써 볼까?

⭐ 이제 너의 소개가 듣고 싶어. 한 칸에 한 가지 내용씩 문단으로 써 봐. 다 채우기 어려우면 이 책을 끝내고 다시 해 봐!

내가 (자주) 하는 일

내가 좋아하는 것

내가 쓰고 싶은 글

차례

머리말   3
자기소개 하기   4

1 자유 주제로 세 문장을 써요
세 문장은 이렇게 써요   8
다양한 주제로 세 문장 쓰기   10
(공부 / 나의 노하우 / 음식 / 사람 / 내가 한다면? / 사라진다면?)

2 문단이 뭐예요?
하나의 '내용'으로 묶인 글 덩어리   18
하나의 '생각'으로 묶인 글 덩어리   22

3 문단이 왜 중요해요?
글은 어떻게 이루어져요?   28
문단이 왜 중요해요?   30
문단을 정리해서 글을 써요   36

4 문단을 쓰는 약속이 있어요
문단을 쓸 때는 첫 칸을 비워요   40
한 문단에서는 줄을 바꾸지 않아요   46

5 문단 속 중심 문장과 뒷받침 문장
중심 문장과 뒷받침 문장이 뭐예요?   52
중심 문장과 뒷받침 문장을 구분해요   56

6 한 문단을 써요 1 (네 문장 쓰기)
다양한 주제로 한 문단을 써요   64
(내가 좋아하는 것 / 내가 하고 싶은 말)

7 한 문단을 써요 2 (다섯 문장 쓰기)
이야기를 지어 한 문단을 써요   74

8 두 문단을 이해해요
왜 두 문단으로 나눌까요?   82
두 문단을 쉽게 쓰는 방법   86
문단을 적절하게 나누는 방법   92

9 두 문단을 써요 (일곱 문장, 여덟 문장 쓰기)
주어진 주제로 두 문단을 써요   98
주제를 골라 두 문단을 써요   106

10 세 문단을 이해하고 써요 (열 문장 쓰기)
세 문단 생활글을 이해해요   110
세 문단 설명글을 이해해요   112
세 문단 독후감상글을 이해해요   114
세 문단을 써요   116

지도하는 분을 위한 **예시 답**   119

1
자유 주제로 세 문장을 써요

이 책에서는 문단을 배울 거야. 한 문단은 적어도 세 문장! 세 문장부터 써 보자.

1 세 문장은 이렇게 써요

이 책에서는 문단을 배울 건데, 우선 세 문장을 자유롭게 쓸 줄 알아야 해. 적어도 세 문장은 들어가야 한 문단이 되거든.

★ 식탁에 여러 가지 주제 접시를 올렸어. 네가 하고 싶은 말이 있는 접시, 진짜 겪어 본 일이 있는 접시에 색칠해 봐. 빈 접시에는 네가 쓰고 싶은 다른 주제를 써 봐.

주제 메뉴판

접시에서 자유롭게 주제를 골랐으면 글을 써 볼 거야.
이것을 자유 주제 글쓰기라고 할게.

자유 주제 글쓰기 하는 법

1. 쓰고 싶은 주제를 자유롭게 정해.
2. 그 주제에 대해 하고 싶은 말을 머릿속에 떠올려.
3. 글을 쓰기 전에 말로 먼저 표현해 봐.
4. 그런 다음 3~4문장으로 쓰는 거야.
   (마침표, 물음표, 느낌표의 문장 부호를 쓸 때마다 한 문장이 돼.)

오래 고민하지 않고 생각나는 대로 단번에 써야 쉬워. 위 방법을 따라 보기 처럼 3~4문장을 써.

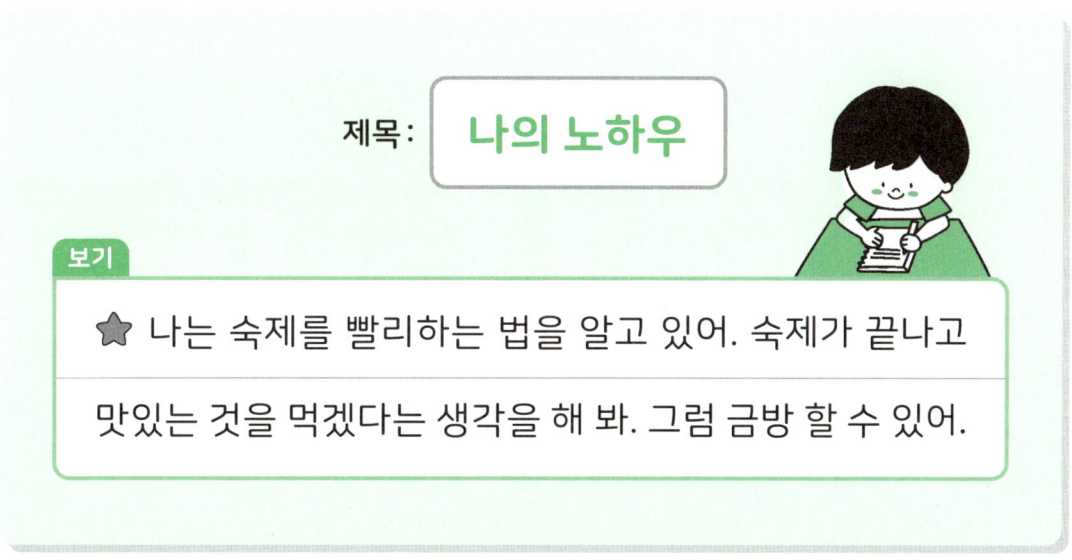

제목: **나의 노하우**

보기

★ 나는 숙제를 빨리하는 법을 알고 있어. 숙제가 끝나고 맛있는 것을 먹겠다는 생각을 해 봐. 그럼 금방 할 수 있어.

이렇게 쓰면 돼. 그럼 다음 장에서 3~4문장 쓰기를 연습해 볼까?

다양한 주제로 세 문장 쓰기  ① 공부

⭐ 어린이라면 오래 생각해 봤을 만한 '공부'를 주제로 3~4문장을 써 봐. 보기 를 읽어 보고, 아래는 스스로 써(그림 속 힌트 질문에 답하며 써도 좋아.).

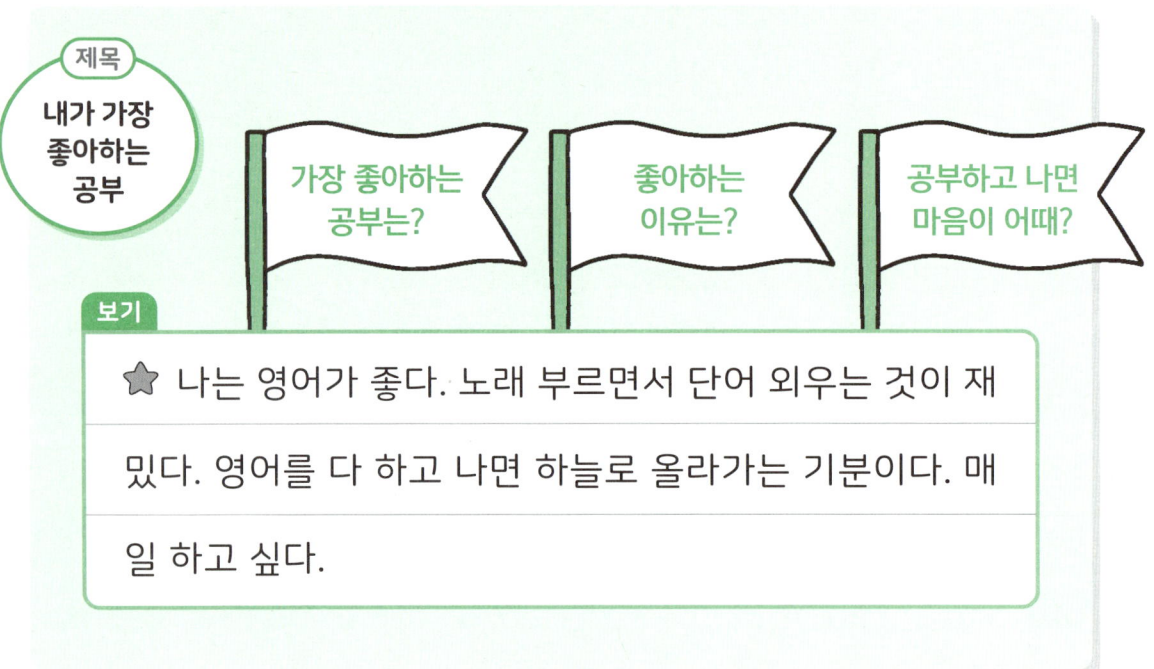

제목: 내가 가장 좋아하는 공부
- 가장 좋아하는 공부는?
- 좋아하는 이유는?
- 공부하고 나면 마음이 어때?

보기
⭐ 나는 영어가 좋다. 노래 부르면서 단어 외우는 것이 재밌다. 영어를 다 하고 나면 하늘로 올라가는 기분이다. 매일 하고 싶다.

제목: 내가 가장 싫어하는 공부
- 가장 싫어하는 공부는?
- 싫어하는 이유는?
- 그래서 어떻게 하고 싶어?

⭐

② 나의 노하우

⭐ '노하우'란 어떤 일을 잘하는 방법을 뜻해. 이번에는 네가 가진 '노하우'를 주제로 3~4문장을 써 봐. 보기 를 읽어 보고, 아래는 스스로 써.

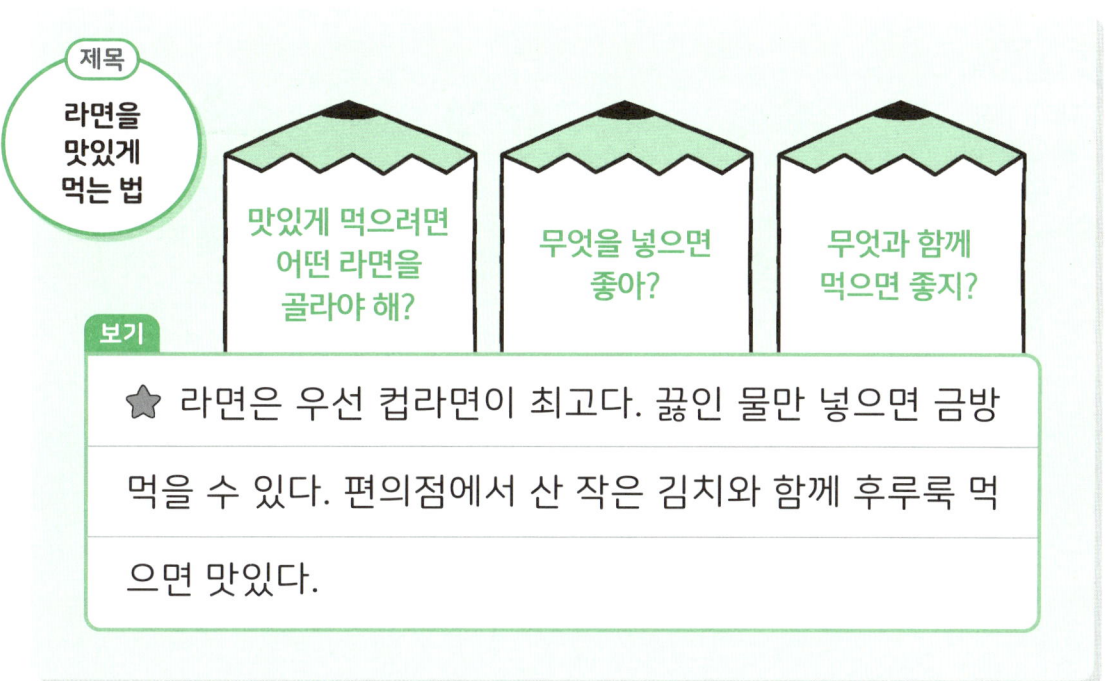

③ 음식

⭐ 좋아하는 음식, 싫어하는 음식처럼 '음식'을 주제로 3~4문장을 써 봐. 보기 를 읽어 보고, 아래는 스스로 써.

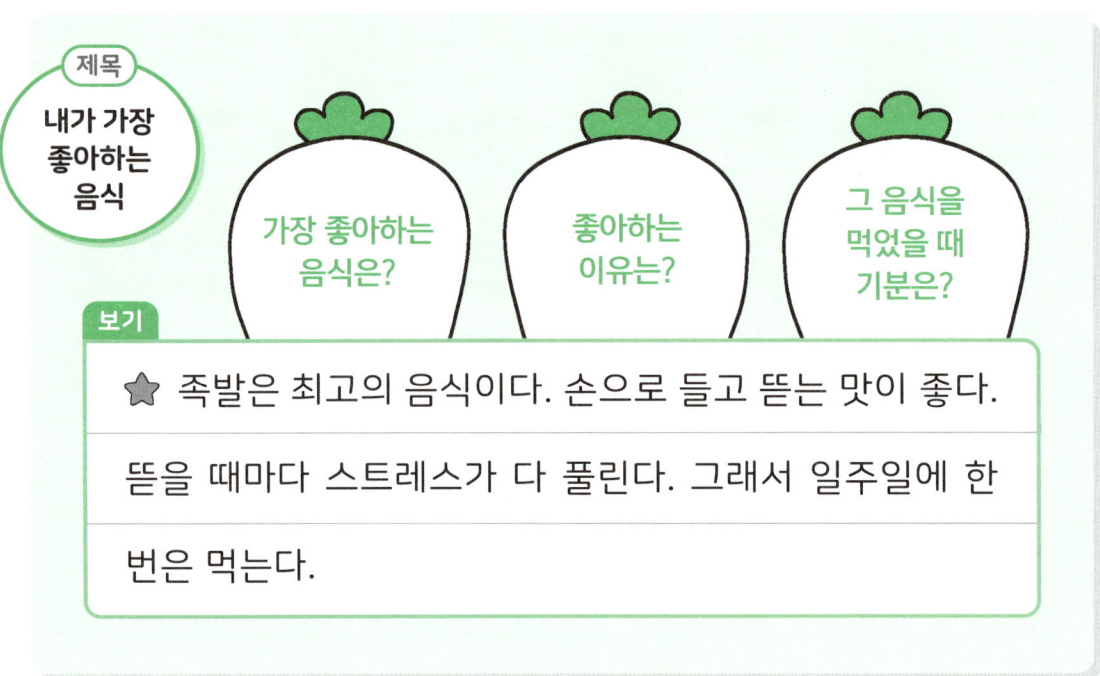

④ 사람

⭐ 네 주변 사람들을 떠올려 보고, '사람'을 주제로 3~4문장을 써 봐. 보기 를 읽어 보고, 아래는 스스로 써.

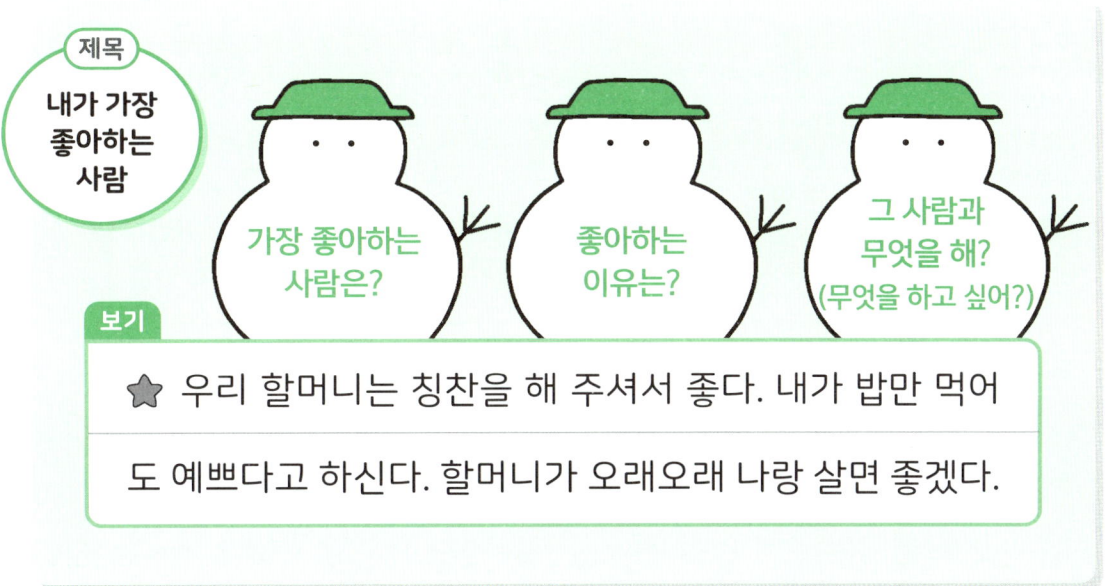

제목: 내가 가장 좋아하는 사람

가장 좋아하는 사람은? / 좋아하는 이유는? / 그 사람과 무엇을 해? (무엇을 하고 싶어?)

보기
⭐ 우리 할머니는 칭찬을 해 주셔서 좋다. 내가 밥만 먹어도 예쁘다고 하신다. 할머니가 오래오래 나랑 살면 좋겠다.

제목: 나와 자주 싸우는 사람

자주 싸우는 사람은? / 어떤 일로 주로 싸워? / 그 사람에게 하고 싶은 말은?

⑤ 내가 한다면?

★ 이제 마음껏 상상을 펼쳐서 쓸 거야. '내가 무언가를 한다면?'을 상상해서 3~4문장을 써 봐. 보기 를 읽어 보고, 아래는 스스로 써.

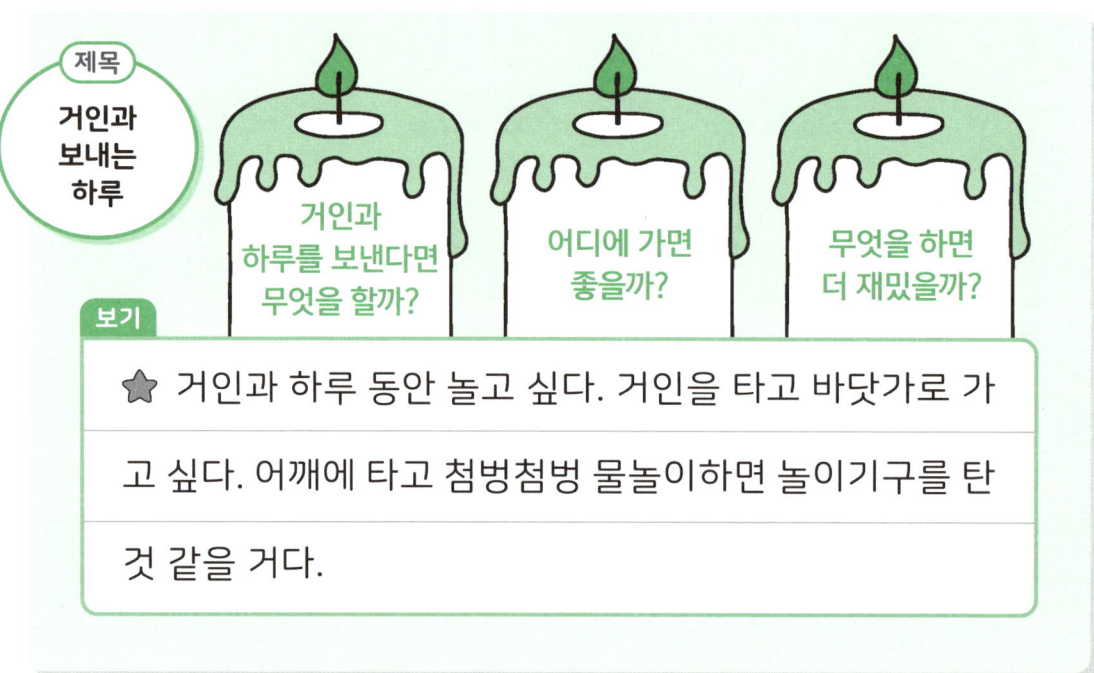

⑥ 사라진다면?

★ 익숙한 것이 갑자기 '사라진다면?' 좋을까, 나쁠까? 상상해서 3~4문장을 써 봐.
보기 를 읽어 보고, 아래는 스스로 써.

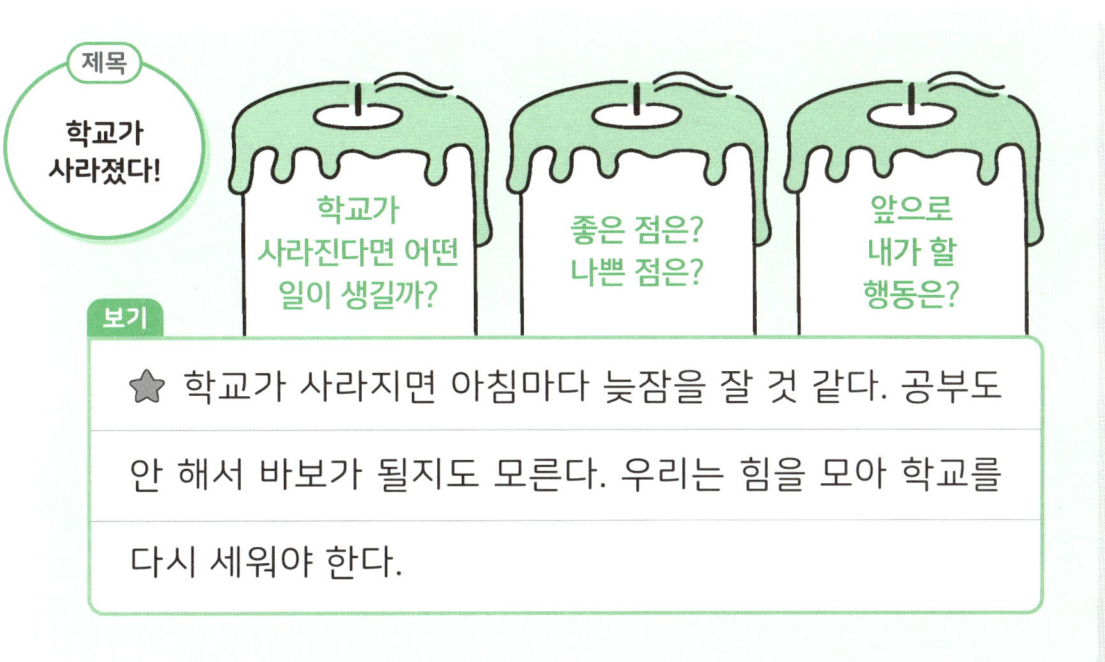

제목: 학교가 사라졌다!
- 학교가 사라진다면 어떤 일이 생길까?
- 좋은 점은? 나쁜 점은?
- 앞으로 내가 할 행동은?

보기
★ 학교가 사라지면 아침마다 늦잠을 잘 것 같다. 공부도 안 해서 바보가 될지도 모른다. 우리는 힘을 모아 학교를 다시 세워야 한다.

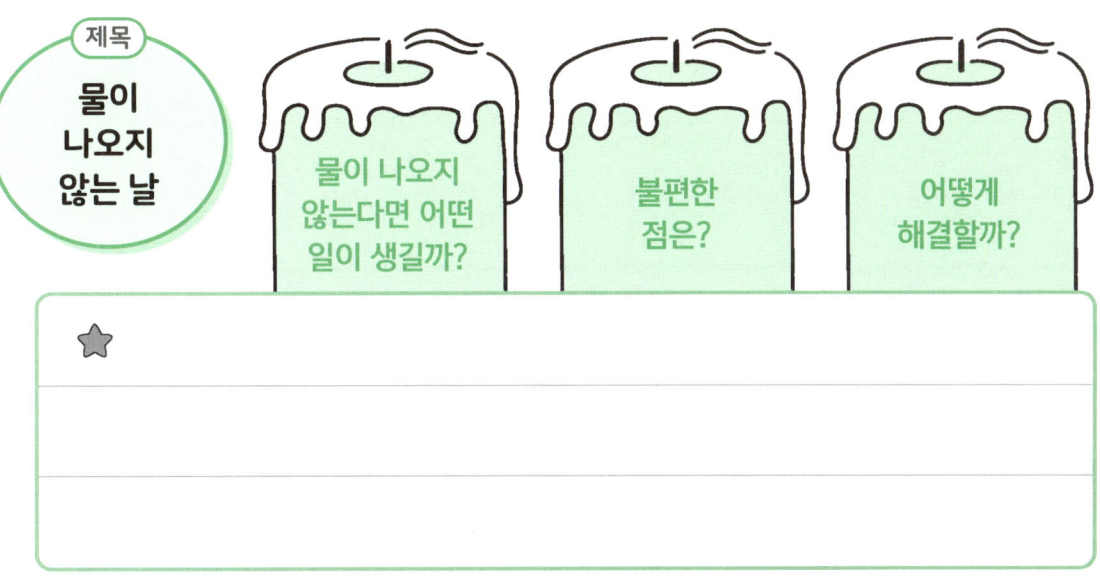

제목: 물이 나오지 않는 날
- 물이 나오지 않는다면 어떤 일이 생길까?
- 불편한 점은?
- 어떻게 해결할까?

⭐ 주제 전구가 있어. 쓰고 싶은 것에 모두 색칠해서 불을 밝혀 봐. 그중 한 주제를 골라 떠오르는 말을 3~4문장으로 써. 이번에는 힌트 질문 없이 써 보자.

제목:

⭐

'라면을 맛있게 먹는 법', '투명 인간이 된다면?' 등
지금까지 하나의 주제마다 3~4문장의 글을 썼어.
이렇게 **한 가지 내용으로 쓴 짧은 글 덩어리**를 '<u>문단</u>'이라고 해.
다음 장에서 문단을 자세히 배워 보자.

② 문단이 뭐예요?

하나의 내용이나 생각으로 묶인 글 덩어리를 문단이라고 해. 함께 배워 볼까?

1 하나의 '내용'으로 묶인 글 덩어리

문단은 하나의 내용으로 묶인 짧은 글 덩어리를 말해.

★ 수레바퀴 가운데에 '나는 떡볶이를 좋아한다.' 문장(문장 ❶)이 있어. 주변으로는 관련된 문장 3개(문장 ❷~❹)가 둘러싸고 있지. 번호순으로 읽어 볼까?

문단 수레바퀴

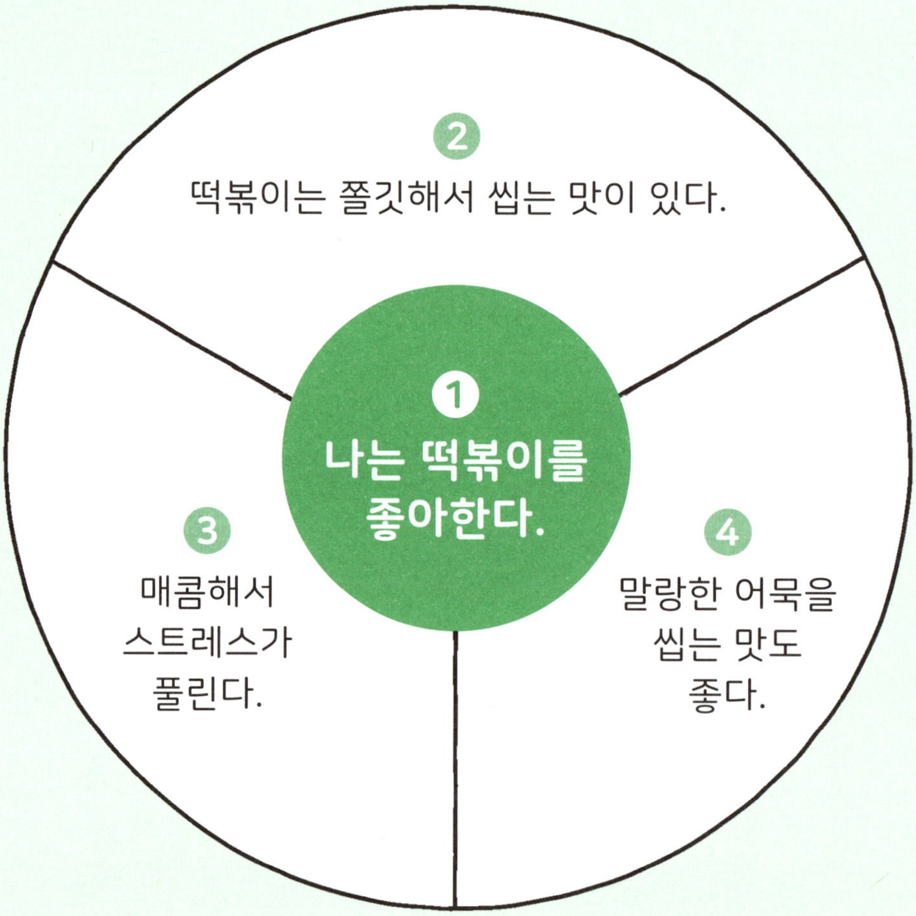

❷ 떡볶이는 쫄깃해서 씹는 맛이 있다.

❶ 나는 떡볶이를 좋아한다.

❸ 매콤해서 스트레스가 풀린다.

❹ 말랑한 어묵을 씹는 맛도 좋다.

읽은 것처럼 가운데 문장(문장 ❶)으로 시작해서, 주변 문장(문장 ❷~❹)을 이어 써 보자(주변 문장은 중요하거나 먼저 말하고 싶은 순서대로 번호를 매긴 거야.).
다 이으면 아래처럼 한 덩어리의 글이 돼!

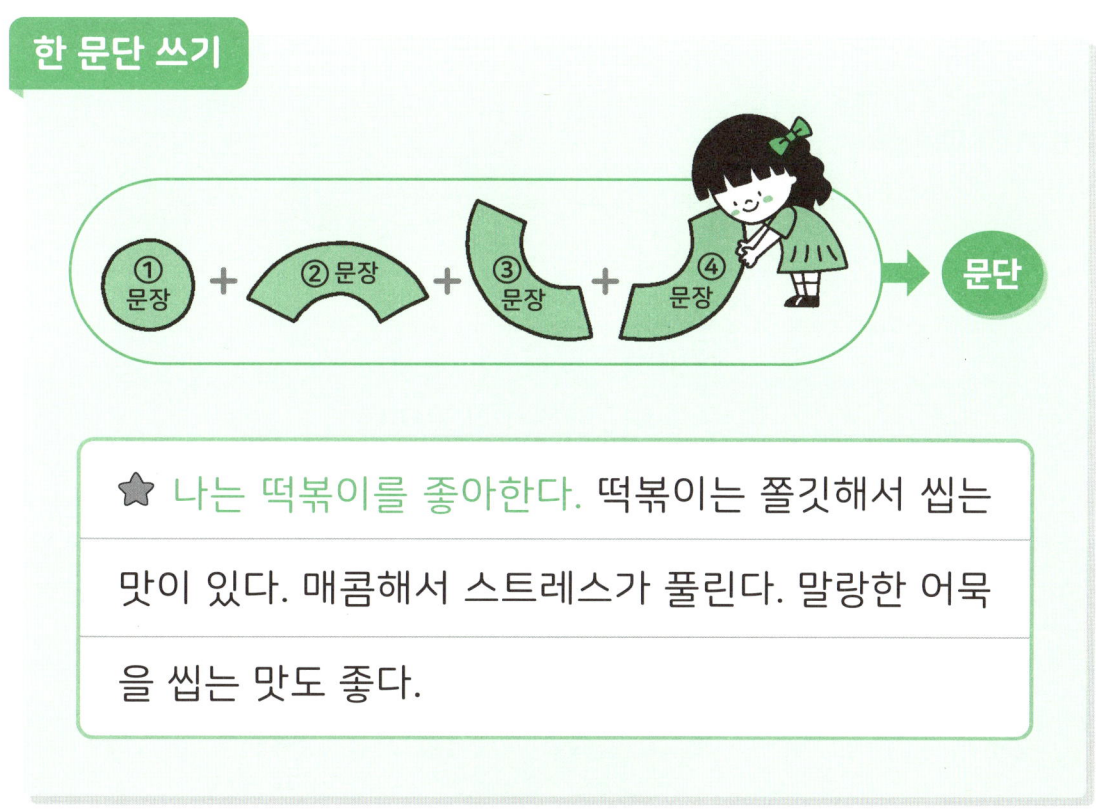

'나는 떡볶이를 좋아한다.'라는 하나의 '내용'을 담은
짧은 글 덩어리 완성!
이렇게 하나의 내용으로 묶인 글 덩어리를 '문단'이라고 해.
다음 장에서 직접 문단을 만들어 보자.

⭐ 수레바퀴 가운데 문장(문장 ❶)과 주변 문장(문장 ❷~❹)이 있어. 먼저 번호순으로 읽어 볼까?

문단 수레바퀴

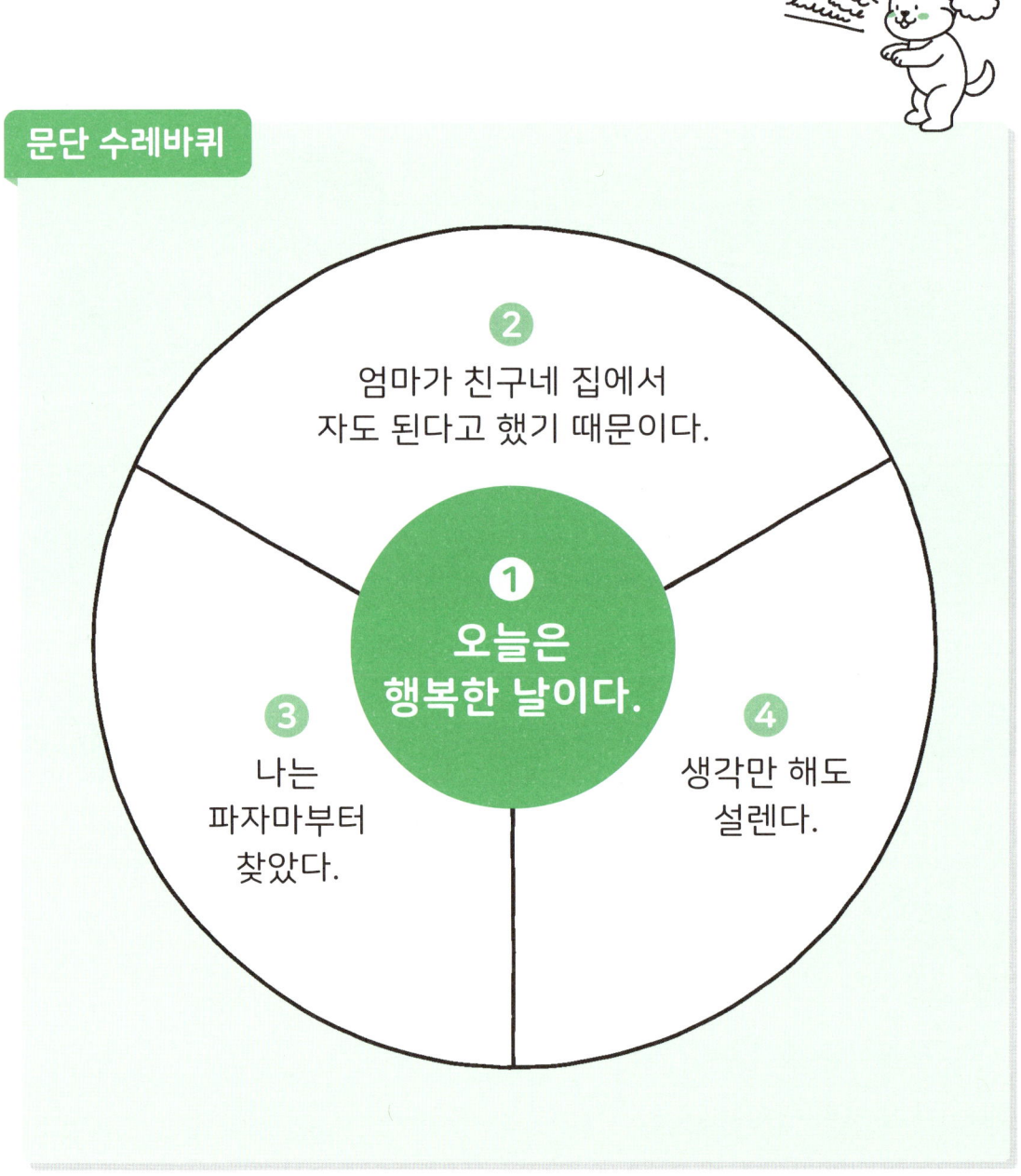

⭐ 읽은 것처럼 가운데 문장(문장 ❶)으로 시작해서, 주변 문장(문장 ❷~❹)을 이어서 써 봐. 주변 문장을 너의 이야기로 바꾸어 새로 써도 좋아.

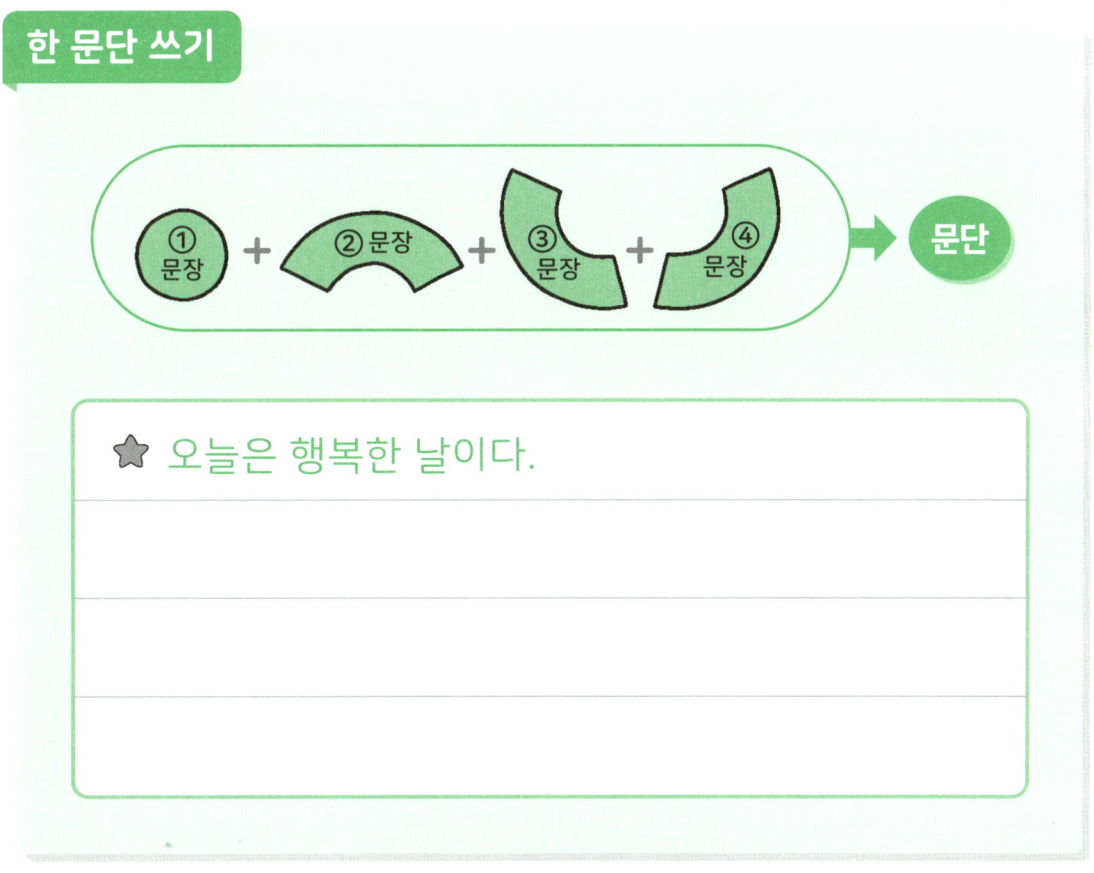

⭐ 오늘은 행복한 날이다.

'오늘은 행복한 날이다.'라는 하나의 내용을 담은 글 덩어리, 문단 완성!

⭐ 문단을 잘 이해했는지 빈칸에 들어갈 말을 채워 봐.

이처럼 하나의 _____으로 묶인 글 덩어리를
_____ 이라고 해.

2 하나의 '생각'으로 묶인 글 덩어리

'하나의 내용'뿐 아니라 '하나의 생각'으로 묶인 글 덩어리도 문단이야.

★ 수레바퀴 가운데에 문장(문장 ❶)이 있어. 주변으로는 관련된 문장(문장 ❷~❹)이 둘러싸고 있지. 번호순으로 읽어 볼까?

문단 수레바퀴

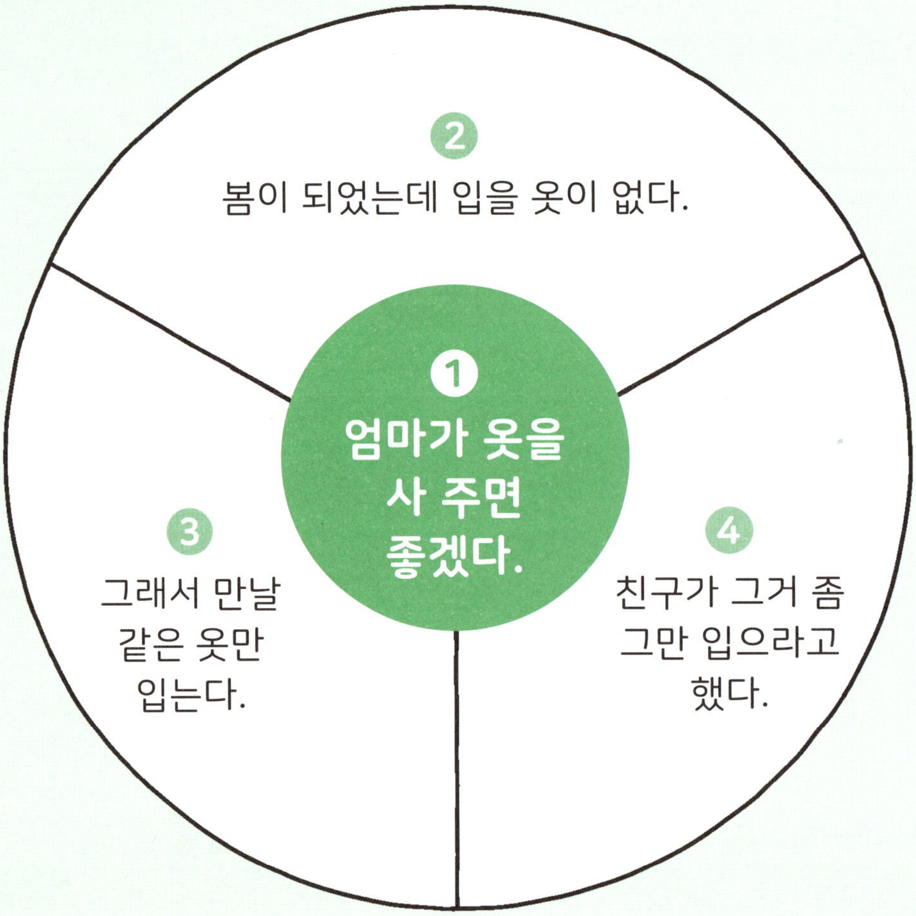

❶ 엄마가 옷을 사 주면 좋겠다.

❷ 봄이 되었는데 입을 옷이 없다.

❸ 그래서 만날 같은 옷만 입는다.

❹ 친구가 그거 좀 그만 입으라고 했다.

읽은 것처럼 가운데 문장(문장 ❶)으로 시작해서, 주변 문장(문장 ❷~❹)을 이어 써 보자(주변 문장은 중요하거나 먼저 말하고 싶은 순서대로 번호를 매긴 거야.). 다 이으면 아래처럼 한 덩어리의 글이 돼!

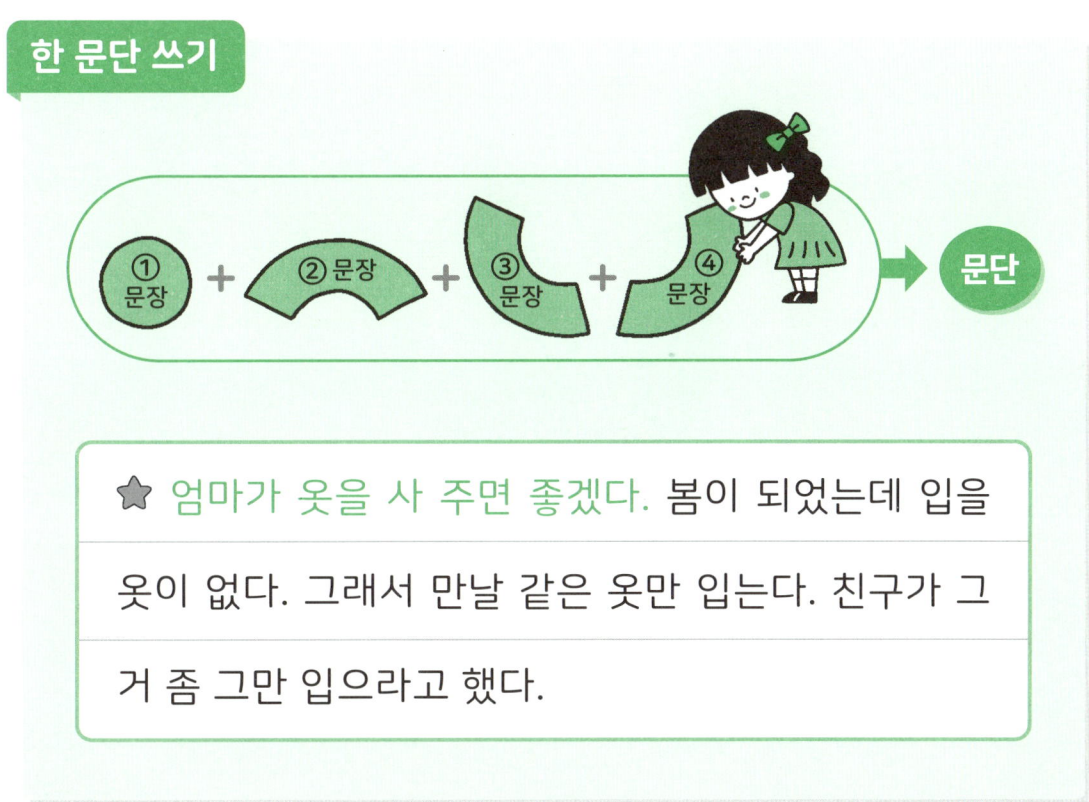

쓴 것을 다시 한 번 읽어 봐.
'엄마가 옷을 사 주면 좋겠다.'라는 '생각'을 담은 글 덩어리 완성!
이렇게 하나의 생각으로 묶인 글 덩어리도 '문단'이라고 해.
다음 장에서 직접 문단을 만들어 보자.

⭐ 수레바퀴 가운데에 어떤 생각을 담은 문장(문장 ❶)이 있어. 주변 문장(문장 ❷~❹)은 네가 직접 써 봐. 문장 ❶의 내용을 더 자세히 설명하거나, 그 이유를 쓰면 돼.

❶ 내가 진짜 사고 싶은 것이 있다.

⭐ 가운데 문장(문장 ❶)으로 시작해 주변 문장(문장 ❷~❹)을 이어 써. 한 문단이 완성돼.

⭐ 문단을 쓸 줄 알았으니 제대로 되지 않은 문단도 구분해 보자. 아래 글에는 전체 내용과 어울리지 않는 문장이 하나 있어. 밑줄을 그어 봐.

> ★ 오늘 하늘은 정말 파랗다. 학교 가면서 계속 하늘만 봤다. 두 손을 담그면 풍덩 빠질 것 같은 맑은 색이다. 그리고 나는 아이스크림을 먹었다.

잘 찾았는지 함께 볼까?

이 글의 주제는 첫 번째 문장 '오늘 하늘은 정말 파랗다.'야.
이 주제와 어울리지 않는 문장은
<u>그리고 나는 아이스크림을 먹었다.</u>야. 밑줄을 잘 그었니?
'하늘은 파랗다.'와는 상관없는 내용이기 때문이지.

> ★ 오늘 하늘은 정말 파랗다. 학교 가면서 계속 하늘만 봤다. 두 손을 담그면 풍덩 빠질 것 같은 맑은 색이다.

이렇게 상관없는 내용의 문장을 빼고 써야
<u>'하나의 내용'</u>으로 잘 묶인 글 덩어리 <u>'문단'</u>이 되는 거야.

⭐ 한 번 더 해 볼까? 아래 글에는 전체 생각과 어울리지 않는 문장이 하나 있어. 밑줄을 그어 봐.

체벌은 몸을 아프게 하는 벌을 말해.

> ☆ 체벌을 하면 안 된다. 체벌은 몸을 아프게 하는 거라서 바람직하지 않다. 체벌을 하면 버릇이 고쳐진다. 가벼운 체벌도 하지 말자.

이 글의 주제는 첫 번째 문장 '체벌을 하면 안 된다.'야.
이 주제와 어울리지 않는 문장은 <u>체벌을 하면 버릇이 고쳐진다.</u>이지.
체벌을 하지 말자면서 버릇이 고쳐진다고 하면
생각이 앞뒤가 맞지 않겠지?

그 문장을 빼거나 어울리는 다른 문장으로 바꾸어야
<u>'하나의 생각'</u>으로 잘 묶인 글 덩어리 <u>'문단'</u>이 되는 거야.

⭐ 한 문단이 되도록 빈 곳에 어울리는 문장을 써. 체벌하면 안 된다고 생각하는 이유를 쓰면 돼.

> ☆ 체벌을 하면 안 된다. 체벌은 몸을 아프게 하는 거라서 바람직하지 않다.
>
> 　　　　　　　　　　가벼운 체벌도 하지 말자.

3

문단이
왜 중요해요?

글을 쓸 때는
문단을 꼭 나눠야 할까?
문단이 필요한 이유를
알아보자.

1 글은 어떻게 이루어져요?

지금까지 하나의 내용과 생각을 담는 글 덩어리인 문단을 써 보았어. 그런데 문단을 꼭 알아야 할까? 문단은 글을 쓰려면 꼭 거쳐야 하는 단계라서 중요해.

글이 뭘까?

어떤 마음이나 생각, 겪은 일 등을 종이 위에 글자로 쓴 거야.

글은 어떻게 이루어질까?

단어가 모이면 문장이 돼. 문장이 모이면 문단이 돼. 그리고 문단이 모이면 비로소 글이 되는 거야.

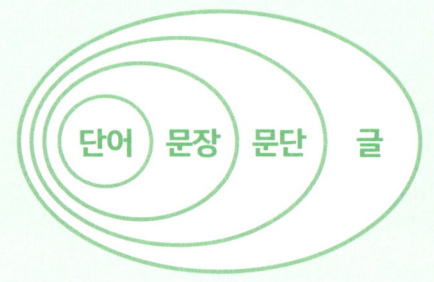

단어, 문장, 문단, 글이 어떻게 이루어지는지 예를 들어 볼까?

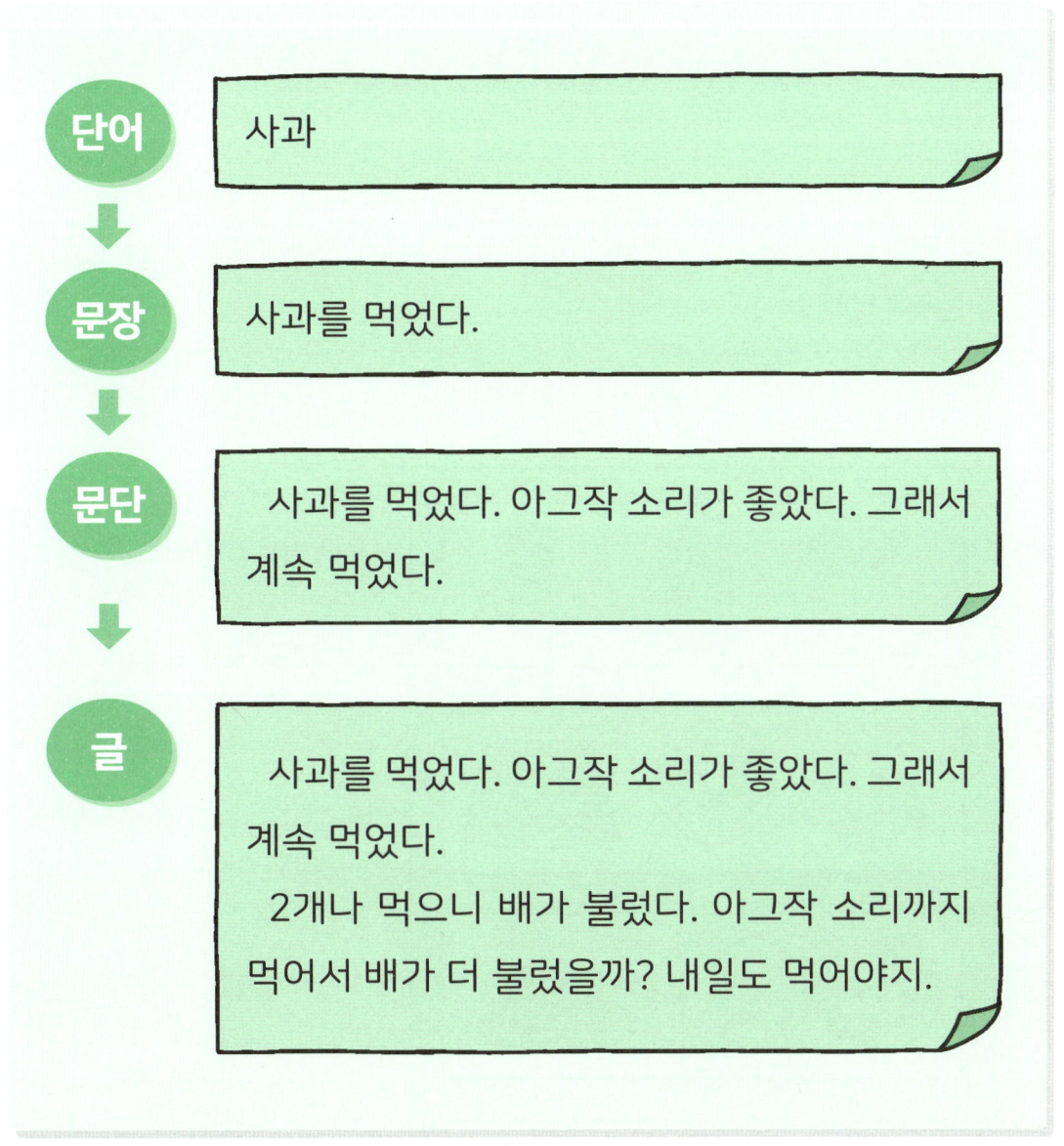

단어 하나에서 시작해 글이 되기까지가 잘 보이지?
'사과'라는 단어에는 말하는 사람의 마음, 생각, 경험은 드러나지 않았지.
그러다 문장과 문단이 되고, 문단이 모여 비로소 글이 되니 말하는 사람의
마음, 생각, 경험까지 잘 드러나게 되었어.

2 문단이 왜 중요해요?

말하는 사람의 마음, 생각, 경험이 잘 드러나게 글을 쓰려면 문단을 잘 나누어야 해. 문단을 잘 나눈다는 게 무엇인지 우리 집 서랍장으로 설명해 줄게.

★ 아래 그림처럼 옷 등을 넣은 서랍장이 있어. 닫아 두어서 밖에서는 보이지 않지. 다음 물음에 답해 봐.

- 서랍장을 딱 한 번만 열어서 필요한 물건을 찾으려고 해. 찾기 쉬울까?

  ① 찾기 쉽다.
  ② 찾기 어렵다.

- '찾기 어렵다.'라고 대답했다면 이유가 뭐야?

- 그럼 잘 찾으려면 어떻게 해야 할까?

서랍장 안에 **윗옷, 양말, 모자, 속옷**이 마구 섞여 있으니까 필요한 것을 찾으려면 서랍을 여러 번 열어 봐야 할 거야.
종류별로 정리해 두면 찾기가 쉬워질 텐데 말이야.

★ 그래서 서랍장을 정리했어. 각 칸에 어떤 것을 모았는지 보기 에서 골라 볼까?

이렇게 서로 비슷한 종류끼리 모아 두면 찾기가 쉬워.

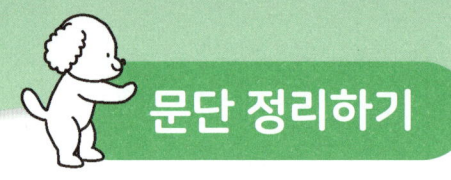

문단 정리하기

이번에는 서랍장에 글들이 정리되지 않은 채 섞여 있네. 먼저 한 번 읽어 봐.

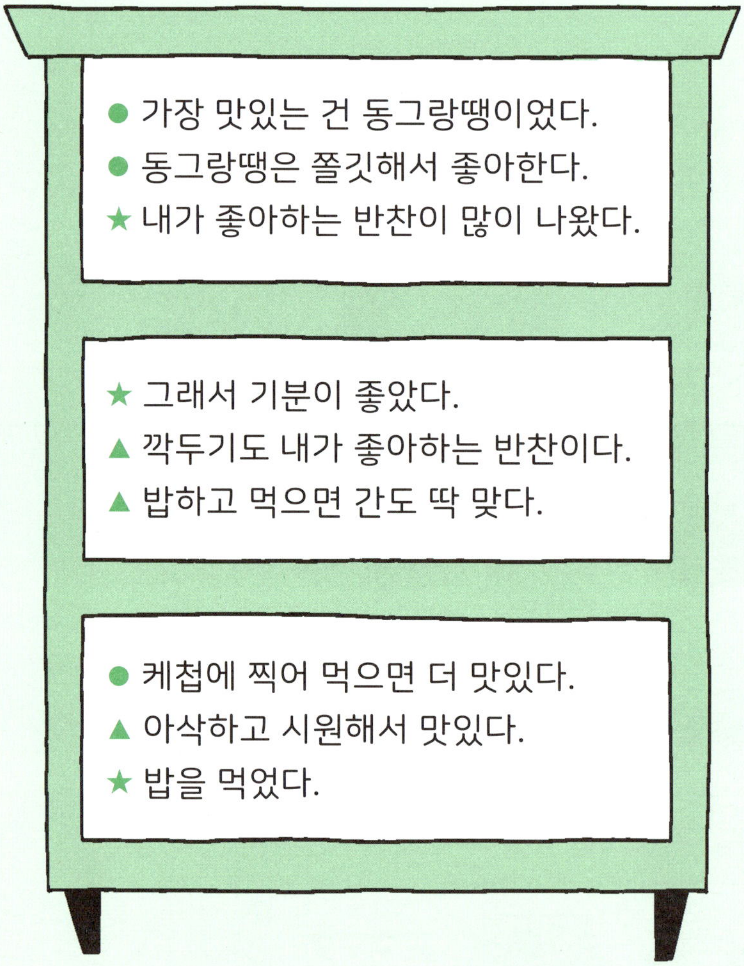

- ● 가장 맛있는 건 동그랑땡이었다.
- ● 동그랑땡은 쫄깃해서 좋아한다.
- ★ 내가 좋아하는 반찬이 많이 나왔다.

- ★ 그래서 기분이 좋았다.
- ▲ 깍두기도 내가 좋아하는 반찬이다.
- ▲ 밥하고 먹으면 간도 딱 맞다.

- ● 케첩에 찍어 먹으면 더 맛있다.
- ▲ 아삭하고 시원해서 맛있다.
- ★ 밥을 먹었다.

오늘 맛있는 것을 먹었다고 하는 것 같기는 한데, 이 말 저 말이 마구 섞여서 정리가 안 되지?

★ 그래서 글 서랍장을 정리했어! 왼쪽 페이지와 비교해 읽으면서 각 칸이 어떻게 정리되었는지 빈칸을 채워 봐.

문장 앞의 도형 모양을 잘 봐!

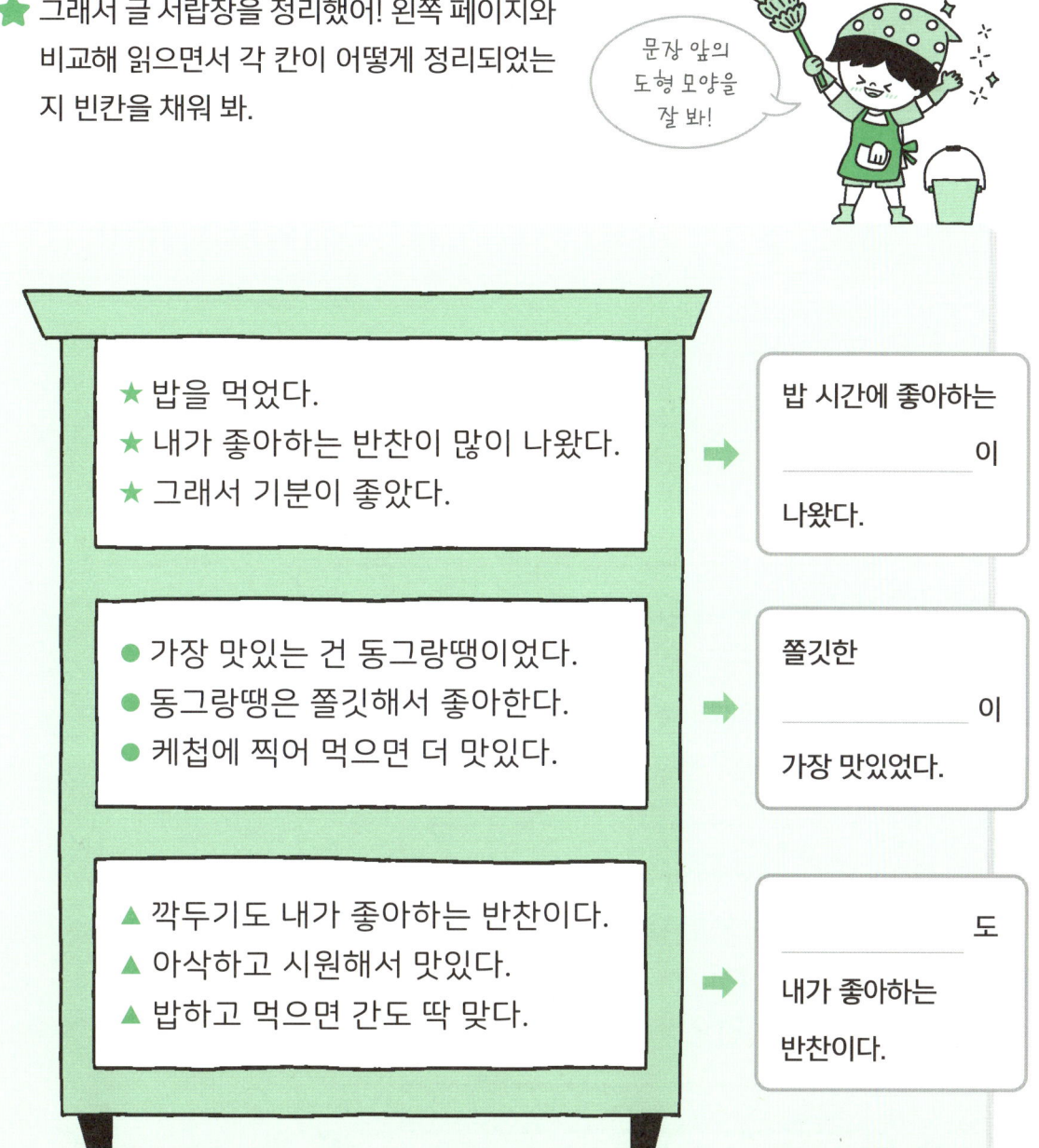

이렇게 서로 비슷한 종류의 내용과 생각끼리 정리하니 무슨 말을 하는 글인지 쉽게 이해하겠지?

문단 나누어 글쓰기

이렇게 정리한 서랍장 한 칸 한 칸이 '문단'이야.
그리고 이 문단들이 모인 서랍장 전체가 바로 '글'이지.

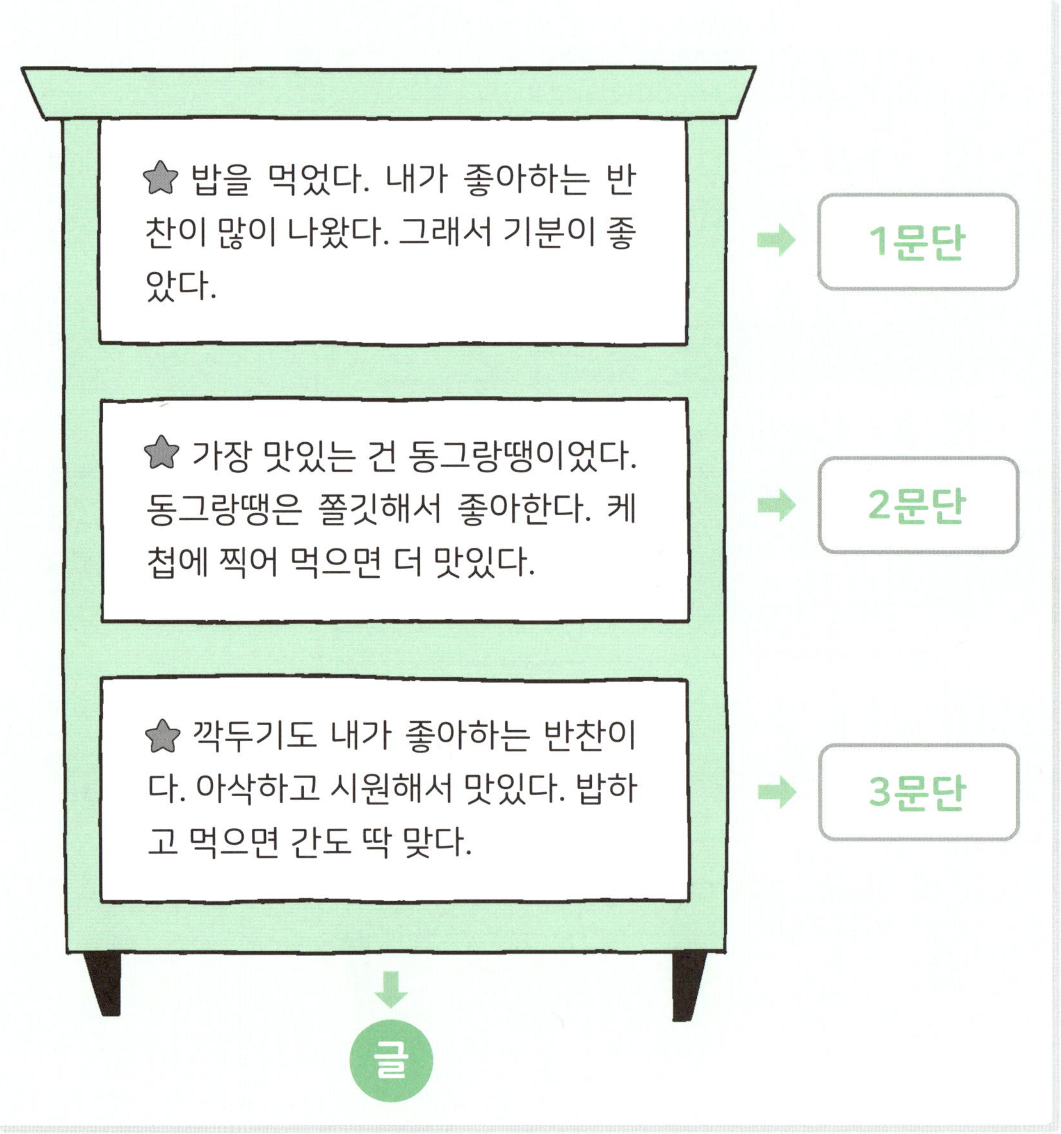

⭐ 밥을 먹었다. 내가 좋아하는 반찬이 많이 나왔다. 그래서 기분이 좋았다. → 1문단

⭐ 가장 맛있는 건 동그랑땡이었다. 동그랑땡은 쫄깃해서 좋아한다. 케첩에 찍어 먹으면 더 맛있다. → 2문단

⭐ 깍두기도 내가 좋아하는 반찬이다. 아삭하고 시원해서 맛있다. 밥하고 먹으면 간도 딱 맞다. → 3문단

↓ 글

서랍장 각 칸을 비슷한 물건끼리 넣어 두어야 잘 찾을 수 있는 것처럼 하나의 문단도 비슷한 내용과 생각으로 묶어야 잘 이해할 수 있게 돼.

⭐ 각 칸을 비슷한 생각이나 내용으로 묶인 문단으로 완성해 봐. 첫 문단은 써 놓았으니, 다음 문단은 힌트 질문에 답하며 스스로 써 봐.

⭐ 식탁에 좋아하는 반찬이 있으면 기쁘다. 밥을 더 맛있게 먹게 된다. 소화도 잘 된다.

⭐ 내가 좋아하는 반찬은 _____ 다.
그 반찬은 _____
_____

힌트
가장 좋아하는 반찬은?
좋아하는 이유는?
그 반찬의 장점과 맛은?

⭐ 또 좋아하는 반찬은 _____ 다.
그 반찬은 _____
_____

힌트
그다음 좋아하는 반찬은?
좋아하는 이유는?
그 반찬의 장점과 맛은?

왜 문단이 중요한지 알겠지?
이제부터 글을 쓸 때는 머릿속에 서랍장을 떠올리면 편할 거야.

3 문단을 정리해서 글을 써요

앞에서 배운 대로 문단을 나누어 쉽게 이해할 수 있는 글을 완성해 봐.

★ 서랍장에 정리할 문장들이 마구 섞여 있어. 한 문장씩 읽고 오른쪽에 있는 서랍장 어느 칸에 들어가면 좋을지 선으로 연결해 봐.

- 한쪽만 벗으면 이상하니까 말이다.
- 아, 이럴 수가!
- 정말 그런지 궁금하다면 직접 해 보자!
- 다 벗을까, 한쪽만 벗을까 고민하다가 다 벗었다.
- 찜찜할 것 같았는데 잘 닦여서 시원했다.
- 어떻게 할까 곰곰이 생각하다 이렇게 했다.

⭐ 잘 연결한 것 같으면, 칸에 문장을 모두 써 넣고 각 문단을 완성해.

제목: **화장실에 휴지가 없다면?**

⭐ 화장실에서 똥을 누었는데 휴지가 없었다. _____

⭐ 우선 양말을 벗기로 했다. _____

⭐ 그리고 양말을 휴지로 생각하며 사용했다. _____

칸마다 하나의 내용으로 잘 묶인 문단이 되었니?
문단이 모인 서랍장 전체는 글 한 편으로 완성되었어!

⭐ 한 번 더 연습해. 글의 제목은 '내가 거인이 된 날'이야. 첫 문장만 써 놓았으니 나머지를 스스로 채워 봐. (힌트) 질문에 답하며 써도 좋아. 각 문단마다 하나의 내용으로 정리해서 쓸 수 있을 거야.

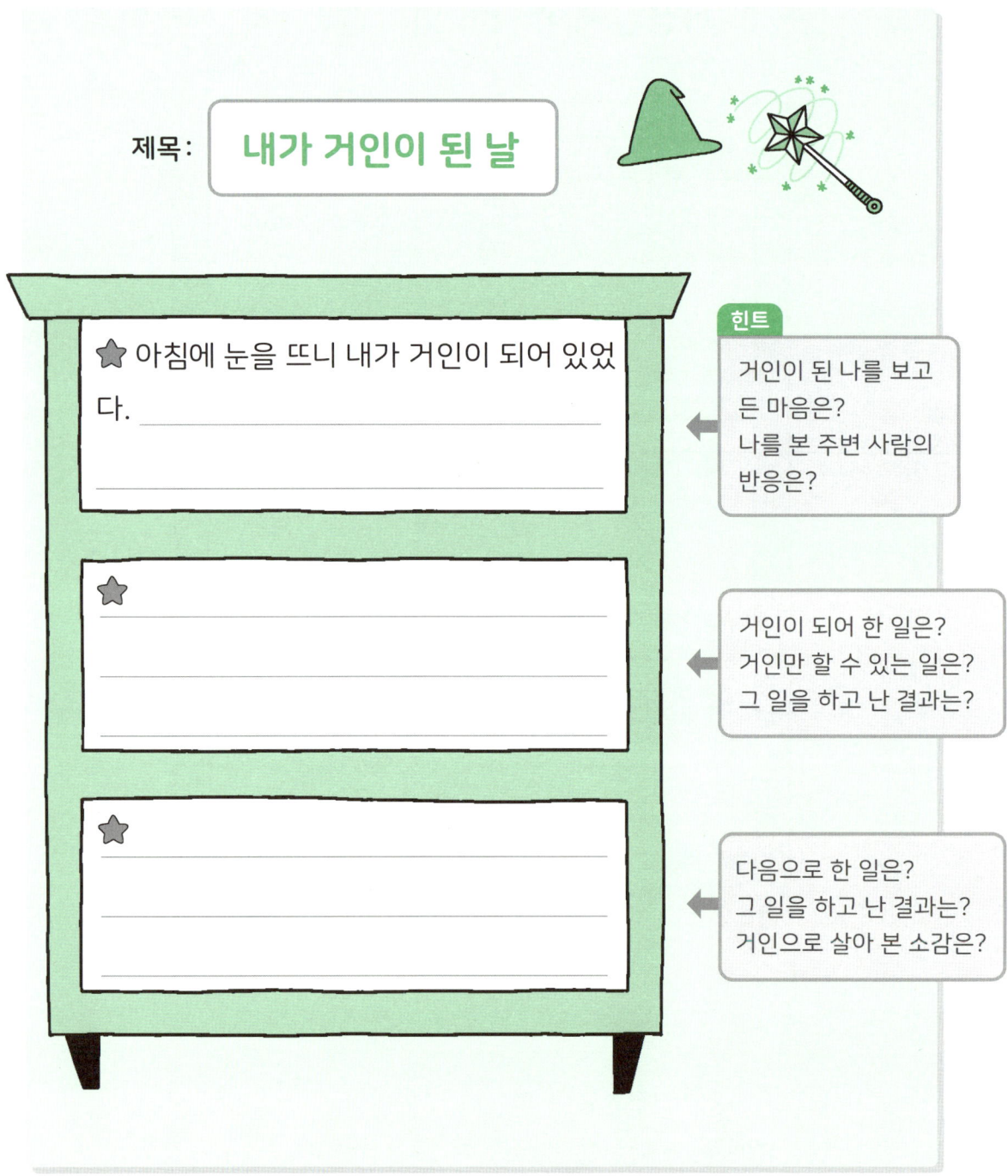

제목: **내가 거인이 된 날**

⭐ 아침에 눈을 뜨니 내가 거인이 되어 있었다.

힌트
거인이 된 나를 보고 든 마음은?
나를 본 주변 사람의 반응은?

⭐

거인이 되어 한 일은?
거인만 할 수 있는 일은?
그 일을 하고 난 결과는?

⭐

다음으로 한 일은?
그 일을 하고 난 결과는?
거인으로 살아 본 소감은?

4
문단을 쓰는 약속이 있어요

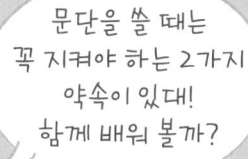
문단을 쓸 때는 꼭 지켜야 하는 2가지 약속이 있대! 함께 배워 볼까?

1 문단을 쓸 때는 첫 칸을 비워요

문단을 쓸 때는 지켜야 하는 약속이 있어. 첫째는 바로 '첫 칸을 꼭 비운다.'라는 거야.

앞의 1~3장에서 문단을 쓸 때 맨 앞에 ⭐이 계속 붙어 있었어. 눈치채고 있었니? 맨 첫 칸은 비우고 쓰라는 뜻으로 붙여 놓았지.

문단을 쓸 때 지켜야 할 약속 1

첫 칸을 꼭 비우고 써요

⭐ 나는 떡볶이를 좋아한다. 떡볶이는 쫄깃해서 씹는 맛이 있다. 매콤해서 스트레스가 풀린다. 말랑한 어묵을 씹는 맛도 좋다.

이처럼 하나의 문단이 시작될 때 '첫 칸은 꼭 비우는' 거야. 글에서 문단을 쓸 때 정한 약속이니까 지켜 줘야 해. 잊지 말고 첫 칸을 비우고 쓸 수 있게 ⭐을 계속 표시해 줄게. 책 뒤로 가면 차차 사라질 거니까 그때는 스스로 비우고 써 봐.

만약 한 문단의 첫 칸을 비우고 쓰지 않았다면
부호를 이렇게 표시해 줘.
글을 뒤로 보내 첫 칸을 비우고 쓴다는 의미야.

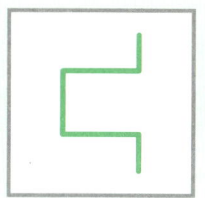

나는 떡볶이를 좋아한다.

나는 떡볶이를 좋아한다.

★ 아래 글이 각각 하나의 문단이 되도록 비우고 써야 하는 곳을 부호로 표시해 봐.

나는 브로콜리를 싫어한다. 그런데 이모가 브로콜리를 넣은 동그랑땡을 해 주셨다. 고소하고 쫄깃해서 계속 먹고 싶었다. 이제는 브로콜리가 좋다.

우리 집은 항상 시끄럽다. 동생은 계속 운다. 할머니는 텔레비전을 계속 틀어 놓는다. 우리 집은 언제 조용해질까?

첫 칸을 비우고 문단 쓰기

★ 첫 칸을 비우고 스스로 한 문단을 써 보자. 글을 쓰려면 먼저 주제가 있어야겠지? 식탁에 여러 가지 주제 접시를 올렸어. 하고 싶은 말이 있는 접시에 모두 색칠해 봐.

주제 메뉴판

- 정말 좋았던 여행
- 욕을 하면 안 되는 이유
- 편의점에 가면 꼭 사고 싶은 것
- 내가 얼마나 멋진 사람인지 소개하기
- 아직도 화가 나는 일
- 내가 읽은 감동적인 책
- 기분이 좋아지는 음식
- 내가 토끼로 변한 하루

⭐ 접시 속 주제를 2가지만 골라 한 문단씩 써 볼까? 한 번은 칸으로 된 부분에, 다른 한 번은 줄로 된 부분에 써 봐. 한 문단은 3~4문장이 되어야 하고, 첫 칸은 꼭 비우도록 ⭐을 표시했어.

제목:

제목:

⭐ 이번에는 3~4문장의 한 문단 메시지를 써 보자. 힌트 질문에 답하며 써도 좋아. 문단 약속인 첫 칸 비우기를 꼭 해 줘.

★ 신문 기사를 읽고 댓글을 3~4문장의 한 문단으로 써 봐. 첫 칸 비우기도 잊지 마.

올여름, 모기가 극성을 부릴 것으로 예상돼

　올여름, 모기가 극성을 부릴 것으로 전문가들이 예상하고 있다. 평소보다 더위가 빨리 찾아온 것이 가장 큰 원인으로 보인다. 5월인 지금, 벌써 모기가 발견되는 지역이 있다고 한다.
　모기에게서 안전하게 지내려면 땀을 잘 씻어 내고 몸을 늘 깨끗이 해야 한다. 체온이 높을수록 모기가 잘 문다고 하니 더운 날에 잠들 때에는 모기장 텐트를 이용하는 것도 좋다.

♡27 👍38 💬10

여름좋아: 　저는 모기에 잘 물리는 편이라서 이번 여름이 참 걱정이네요. 평소보다 더 자주 씻어야겠어요. 모기에 물리면 약도 잘 발라야겠어요.

2 한 문단에서는 줄을 바꾸지 않아요

문단을 쓸 때 지켜야 하는 약속 둘째는 한 문단에서는 '줄을 바꾸지 않는다.'라는 거야.

아래에 쓴 문단을 봐. 문장이 모두 꼬리에 꼬리를 물고 이어져 있지?

문단을 쓸 때 지켜야 할 약속 2

한 문단에서는 줄을 바꾸지 않아요

봄에는 소풍을 가야 한다. 날씨가 따뜻하기 때문에 이때를 놓치면 안 된다. 공원에 나가 봄바람을 맞으면서 김밥을 먹으면 최고다.

이처럼 하나의 문단에서는 '줄을 바꾸지 않고 이어서' 써.
글에서 문단을 쓸 때 정한 약속이니까 지켜 줘야 해.
문장이 길어져서 줄이 내려가면 맨 앞 칸을 비우지 않고 이어 써.
줄을 바꾼 다음, 맨 앞 칸을 비우고 쓰면 새로운 문단이 시작된다는 뜻이야.

만약 한 문단 속 문장을 이어 쓰지 않았다면 부호를 이렇게 표시해 줘. 줄을 바꾸지 않고 앞의 문장과 이어 쓴다는 의미야.

봄에는 소풍을 가야 한다.

날씨가 따뜻하기 때문에 이때를 놓치면 안 된다.

봄에는 소풍을 가야 한다. 날씨가 따뜻하기 때문에 이때를 놓치면 안 된다.

★ 아래 글이 각각 하나의 문단이 되도록 이어 써야 하는 곳을 부호로 표시해 봐.

나는 7월이 좋다.

7월은 일단 내 생일이 있다!

그리고 수영장에 가서 좋아하는 수영도 할 수 있다.

책은 누워서 봐야 즐겁다.

자세가 편하면 벌써 편안한 느낌이 든다.

책을 읽다가 졸리면 바로 자도 된다.

줄을 바꾸지 않고 문단 쓰기

★ 줄을 바꾸지 않고 스스로 한 문단을 써 보자. 글을 쓰려면 먼저 주제가 있어야겠지? 꽃밭에 여러 가지 주제 꽃이 피었어. 하고 싶은 말이 있는 꽃에 모두 색칠해 봐.

주제 꽃밭

- 내가 좋아하는 아이스크림
- 내가 꾸었던 꿈
- 땀을 많이 흘렸던 경험
- 내가 좋아하는 날씨
- 숙제를 꼭 해야 하는 이유
- 잊지 못할 슬픈 기억
- 학교에 가면 좋은 이유
- 내가 가장 재미있게 읽은 책

⭐ 꽃 속 주제를 2가지만 골라 한 문단씩 써 볼까? 한 번은 죽 이어진 휴지에, 다른 한 번은 줄로 된 부분에 써 봐. 한 문단은 3~4문장이 되어야 하고, 줄을 바꾸지 않고 이어서 써.

제목:

제목:

⭐ 문단을 쓰는 법을 잘 알았는지 확인해 볼까? **보기** 에서 단어를 골라 빈칸을 채워 봐.

> **보기**   줄 | 문단 | 비우고 | 내용 | 생각
>
> 1. 글을 쓸 때 차근차근 하고 싶은 말을 잘 담기 위해,
>   글을 읽을 때 내용을 잘 이해하기 위해 비슷한 _____ 이나
>   _____ 으로 묶은 글 덩어리를 _____ 이라고 해.
>
> 2. 하나의 문단에서 첫 칸은 꼭 _____ 써야 해.
>
> 3. 하나의 문단에서 문장은 _____ 을 바꾸지 않고 죽 이어서 써.

⭐ 위 내용을 잘 기억해서 아래 주제 중 하나를 골라 한 문단의 글을 써 봐.

- 학교에 새로 생겼으면 하는 과목
- 심심함을 견디는 나만의 방법
- 내 생일에 하고 싶은 일

⭐

5. 문단 속 중심 문장과 뒷받침 문장

문단 속 문장들은 하는 일이 달라. 왕 역할을 하는 문장과 신하 역할을 하는 문장이 있지.

1 중심 문장과 뒷받침 문장이 뭐예요?

문단 속에는 왕 역할을 하는 중심 문장, 신하 역할을 하는 뒷받침 문장이 있어.

수레바퀴 가운데에 '왕' 문장이 있어. 주변으로는 '신하' 문장이 둘러싸고 있지.

문단 수레바퀴

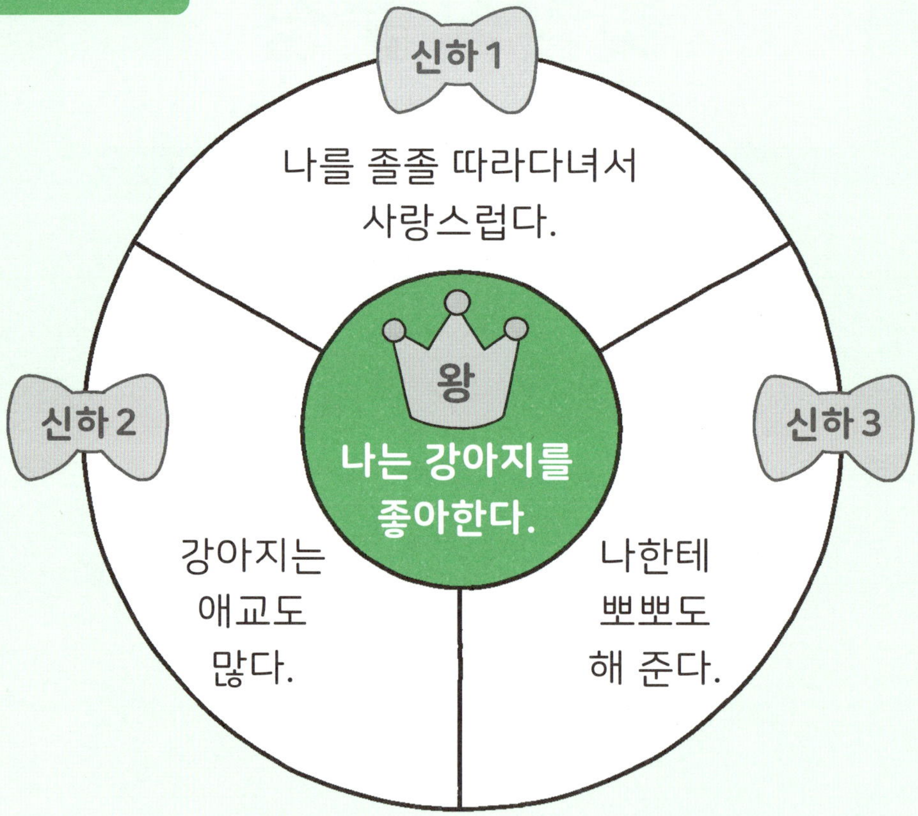

- 신하1: 나를 졸졸 따라다녀서 사랑스럽다.
- 왕: 나는 강아지를 좋아한다.
- 신하2: 강아지는 애교도 많다.
- 신하3: 나한테 뽀뽀도 해 준다.

왕은 문단에서 가장 중심이 되어 앞장서는 문장으로 **'중심 문장'**이라고 해. 신하는 그걸 뒷받침하며 따르는 문장으로 **'뒷받침 문장'**이라고 해. 이렇게 **한 문단은 앞장서는 문장과 그것을 따르는 문장**으로 이루어져.

옛날에 신하가 왕을 따르듯이 말이야. 어떻게 따르고 있을까?
수레바퀴 속 문장을 왕부터 신하 번호순으로 써 볼게.

★ 나는 강아지를 좋아한다. 나를 졸졸 따라다녀서 사랑스럽다. 강아지는 애교도 많다. 나한테 뽀뽀도 해 준다.

➡ 이렇게 한 문단 속에서 왕이 말한 것의
'이유를 설명하기 위해' 신하가 따라다녀.

또 이런 경우도 있어.

★ 물은 여러 곳에 필요하다. 예를 들어 아침에 세수할 때 필요하다. 내가 좋아하는 찌개를 끓일 때와 밥을 다 먹고 설거지를 할 때도 필요하다.

➡ 한 문단 속에서 왕이 말한 것의
'예를 들기 위해' 신하가 따라다니기도 해.

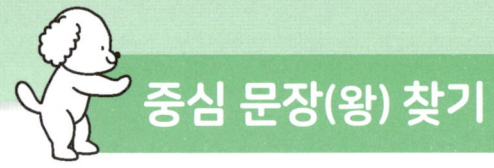

중심 문장(왕) 찾기

⭐ 한 문단의 중심 문장인 왕을 찾아 밑줄을 그어 봐.

> ★ 오늘 속상한 일이 있었다. 며칠 전에 강낭콩 씨앗을 심었다. 그런데 오늘 학교에 다녀왔더니 썩어 있었다. 물을 너무 많이 주어서 그런 것 같다.

⭐ 이번에는 중심 문장을 따르는 뒷받침 문장인 신하에 밑줄을 그어 봐. 몇 문장이지?

> ★ 오늘 속상한 일이 있었다. 며칠 전에 강낭콩 씨앗을 심었다. 그런데 오늘 학교에 다녀왔더니 썩어 있었다. 물을 너무 많이 주어서 그런 것 같다.

뒷받침 문장은 모두 ☐ 문장

⭐ 이 글에서 뒷받침 문장(신하)은 왜 중심 문장(왕)을 따르고 있을까?
　① 중심 문장이 말한 것의 이유를 설명하기 위해
　② 중심 문장이 말한 것의 예를 들기 위해

⭐ 한 문단의 중심 문장인 왕을 찾아 밑줄을 그어 봐.

> ★ 가족끼리 좋은 말을 하면 사이가 더 좋아진다. 예를 들어 '수고했다.'라고 말하면 힘이 솟는다. '사랑한다.'라고 하면 기쁨이 차오른다.

⭐ 이번에는 중심 문장을 따르는 뒷받침 문장인 신하에 밑줄을 그어 봐. 몇 문장이지?

> ★ 가족끼리 좋은 말을 하면 사이가 더 좋아진다. 예를 들어 '수고했다.'라고 말하면 힘이 솟는다. '사랑한다.'라고 하면 기쁨이 차오른다.

뒷받침 문장은 모두 ☐ 문장

⭐ 이 글에서 뒷받침 문장(신하)은 왜 중심 문장(왕)을 따르고 있을까?
　① 중심 문장이 말한 것의 이유를 설명하기 위해
　② 중심 문장이 말한 것의 예를 들기 위해

2 중심 문장과 뒷받침 문장을 구분해요

이제 한 문단의 중심 문장인 왕을 보고 어떤 뒷받침 문장이 와야 할지 찾기 놀이를 해 보자.

★ 가운데 왕관에 중심 문장인 왕이 있어. 주변으로는 뒷받침 문장인 신하가 둘러싸고 있지. 왕에 어울리는 신하를 3개만 골라 동그라미 해 봐.

- 눈싸움을 할 수 있어 신난다.
- 추워서 나가기 싫다. 
- 우리 동네에는 눈이 잘 내리지 않는다.
- 왕: 겨울은 참 좋은 계절이다.
- 썰매장도 갈 수 있다.
- 호호 불며 먹는 붕어빵은 꿀맛이다.
- 눈길에 미끄러질 수 있다.

잘 찾았니? 왕이 '겨울은 참 좋은 계절이다.'라고 했으니까
아래처럼 겨울이 좋은 이유를 설명하거나 예를 든 문장이 신하가 될 거야.

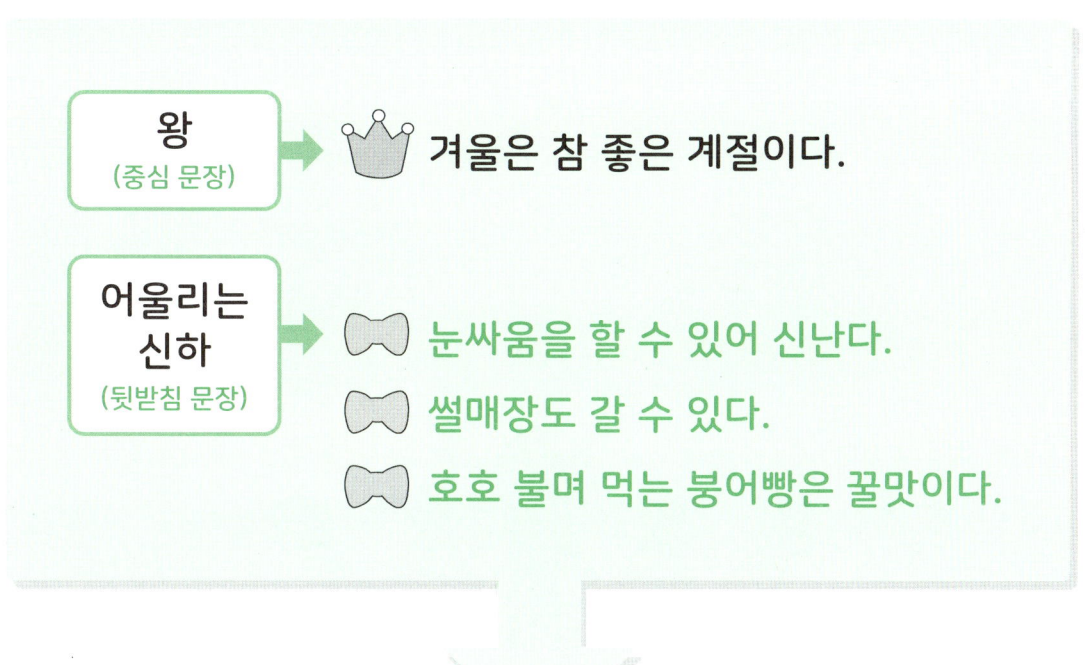

⭐ 이제 왕과 신하를 이어 쓰면 한 문단이 돼. 중심 문장인 왕을 가장 먼저 써. 뒷받침 문장인 신하들은 네가 중요하다고 생각하는 것부터 순서대로 써.

뒷받침 문장(신하) 찾기

⭐ 한 번 더 연습해. 가운데 왕관에 중심 문장인 왕이 있어. 주변으로는 뒷받침 문장인 신하가 둘러싸고 있지. 왕에 가장 잘 어울리는 신하를 2개만 골라 동그라미 해 봐.

- 돈이 없어도 행복할 수 있다.
- 돈이 없으면 물건을 못 산다.
- 내가 좋아하는 포켓몬 카드를 살 수 있다.
- **왕: 돈이 있으면 여러 가지를 할 수 있다.**
- 돈은 중요하지 않다.
- 세상에 돈이 많은 사람은 얼마나 될까?
- 돈이 많은 사람을 부자라고 한다.
- 가족과 맛있는 외식을 할 수 있다.
- 돈이 있어야 행복하다.

잘 찾았니? 왕이 '돈이 있으면 여러 가지를 할 수 있다.'라고 했으니까 아래처럼 무엇을 할 수 있는지 예를 든 문장이 신하가 될 거야.

⭐ 이제 왕과 신하를 이어 쓰면 한 문단이 돼. 중심 문장인 왕을 가장 먼저 써. 뒷받침 문장인 신하들은 네가 중요하다고 생각하는 것부터 순서대로 써(이번에는 신하가 2개뿐이니까 신하 1개를 네가 더 써 봐.).

중심 문장을 찾아 한 문단 쓰기

⭐ 이번에는 왕 자리가 비어 있어. 주변 신하들을 잘 읽고, 왕으로 적절한 것을 보기 에서 찾아 왕관에 써 봐. 신하는 먼저 말하고 싶은 순서대로 번호를 써.

보기　친구와 싸우지 말자. | 맛있는 음식은 나누어 먹자. | 모든 음식은 맛있다.

⭐ 중심 문장인 왕과 뒷받침 문장인 신하들을 이어서 한 문단을 완성해 봐.

⭐ 한 번 더 연습해. 주변 신하들을 잘 읽고 왕으로 적절한 것을 보기 에서 찾아 왕관에 써 봐. 신하는 먼저 말하고 싶은 순서대로 번호를 써.

보기 　　비가 오면 슬프다. | 비는 왜 내릴까? | 비 오는 날은 참 좋다.

⭐ 중심 문장인 왕과 뒷받침 문장인 신하들을 이어서 한 문단을 완성해 봐.

⭐ 왕과 주변 신하를 읽고, 빈칸에 신하 2개를 더 써 봐. 신하(뒷받침 문장)는 왕(중심 문장)이 말한 것의 예를 들어 주어야 해. 먼저 쓰고 싶은 순으로 번호도 써.

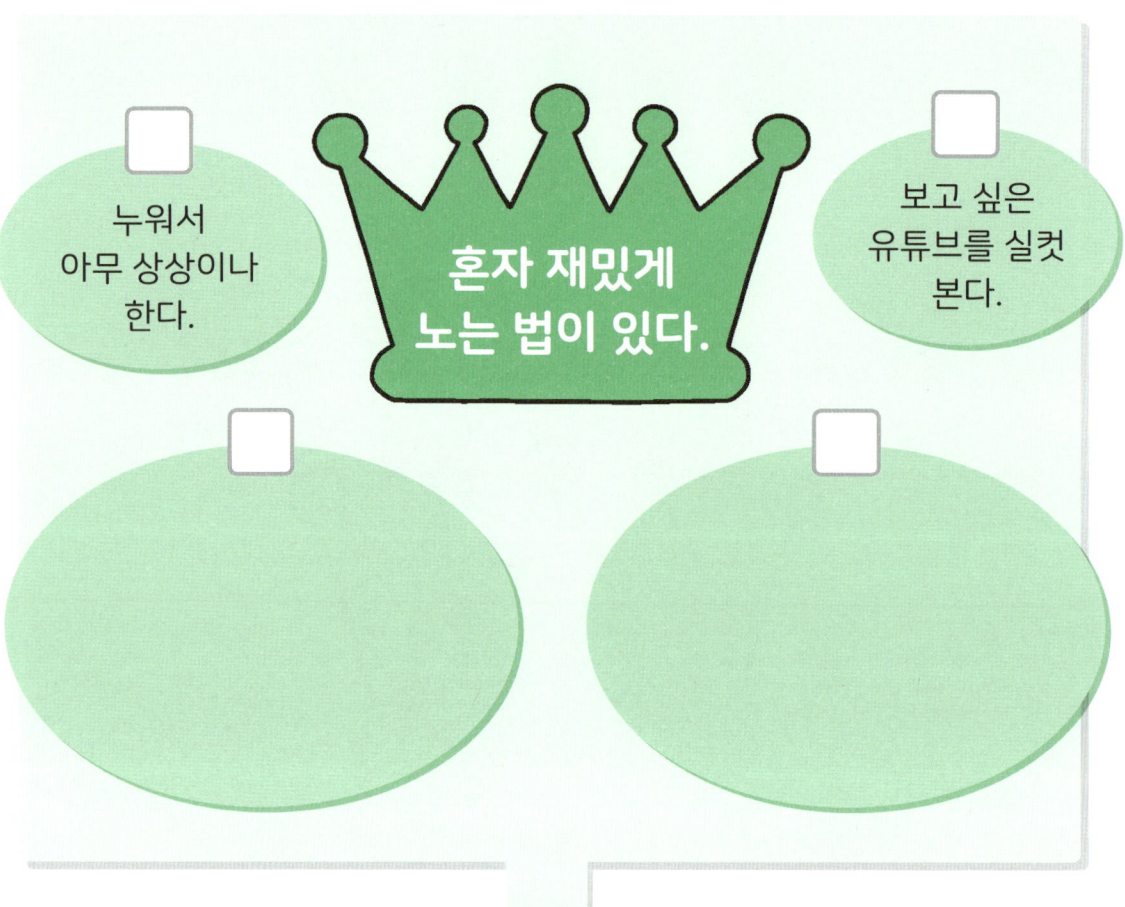

⭐ 이제 중심 문장인 왕과 뒷받침 문장인 신하들을 이어서 한 문단을 완성해 봐.

6 한 문단을 써요 1
네 문장 쓰기

1 다양한 주제로 한 문단을 써요

앞에서 배운 대로 본격적으로 문단 쓰기를 해 보자. 쉽게 쓰는 방법을 알려 줄게.

'내가 좋아하는 것'을 주제로 표에 다양한 글감을 모았어. 네가 쓰고 싶은 것에 모두 동그라미 해 봐.

한 문단 주제: **내가 좋아하는 것**

글감

나는 엄마를 좋아한다.	나는 강아지를 좋아한다.	나는 포켓몬을 좋아한다.
나는 아빠를 좋아한다.	나는 축구를 좋아한다.	나는 만화책을 좋아한다.
나는 책을 좋아한다.	나는 여행을 좋아한다.	나는 등산을 좋아한다.

글감을 하나만 골라 수레바퀴 가운데에 중심 문장으로 써. 주변으로는 뒷받침 문장을 써 봐. 힌트 질문에 답하며 써도 좋아.

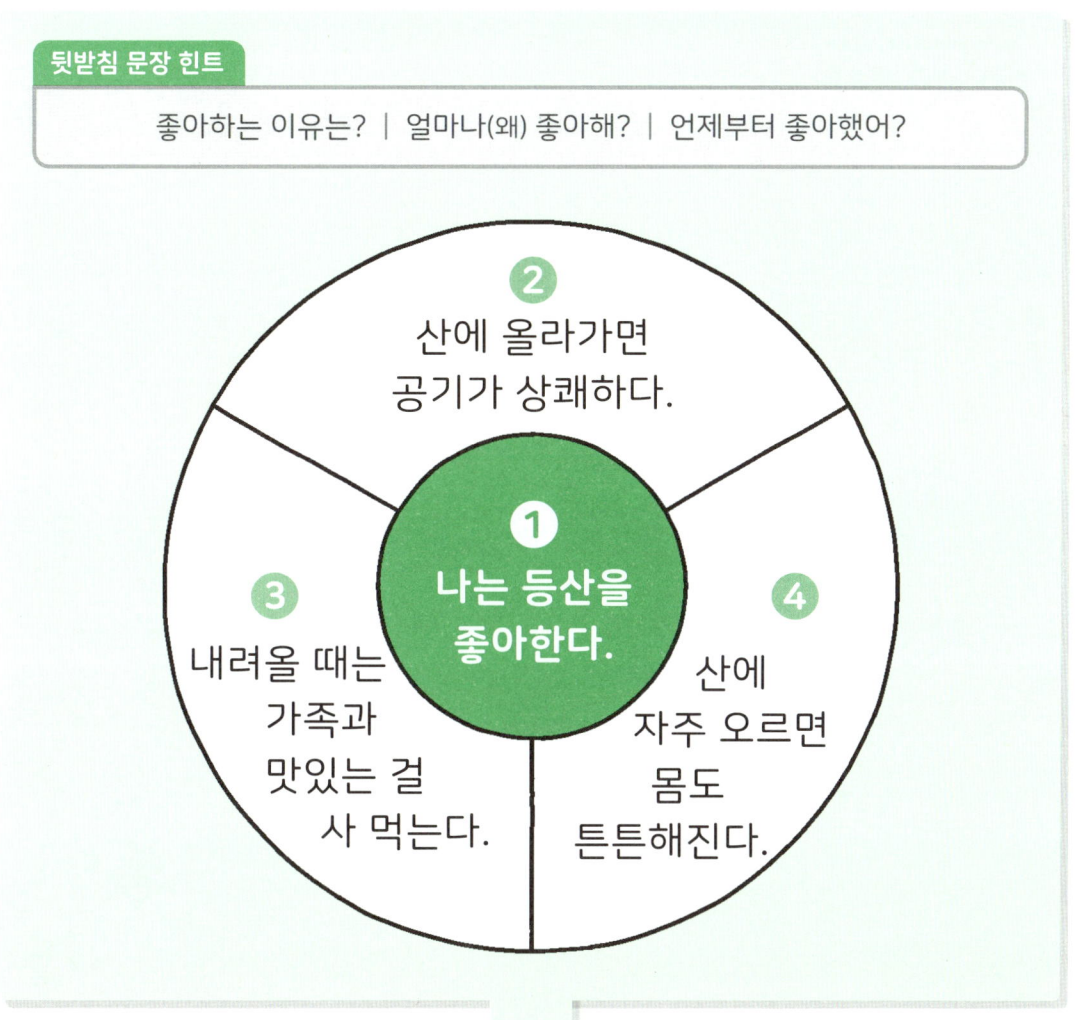

뒷받침 문장 힌트
좋아하는 이유는? | 얼마나(왜) 좋아해? | 언제부터 좋아했어?

❷ 산에 올라가면 공기가 상쾌하다.
❶ 나는 등산을 좋아한다.
❸ 내려올 때는 가족과 맛있는 걸 사 먹는다.
❹ 산에 자주 오르면 몸도 튼튼해진다.

그런 다음, 수레바퀴 속 중심 문장과 뒷받침 문장을 모아 쓰면 한 문단이 돼.

⭐ 나는 등산을 좋아한다. 산에 올라가면 공기가 상쾌하다. 내려올 때는 가족과 맛있는 걸 사 먹는다. 산에 자주 오르면 몸도 튼튼해진다.

⭐ 64쪽 표에서 글감을 하나 골라 수레바퀴 가운데에 중심 문장으로 써. 주변으로는 뒷받침 문장을 써 봐. (힌트) 질문에 답하며 써도 돼.

뒷받침 문장 힌트
좋아하는 이유는? | 얼마나(왜) 좋아해? | 언제부터 좋아했어?

⭐ 수레바퀴 속 중심 문장과 뒷받침 문장을 이어서 한 문단을 완성해.

⭐ 한 번 더 연습해. 64쪽 표에서 글감을 하나 더 골라 수레바퀴 가운데에 중심 문장으로 써. 주변으로는 뒷받침 문장을 써 봐.

뒷받침 문장 힌트
좋아하는 이유는? | 얼마나(왜) 좋아해? | 언제부터 좋아했어?

⭐ 수레바퀴 속 중심 문장과 뒷받침 문장을 이어서 한 문단을 완성해.

이번에는 '내가 하고 싶은 말'을 주제로 다양한 글감을 모았어. 네가 쓰고 싶은 것에 모두 동그라미 해 봐.

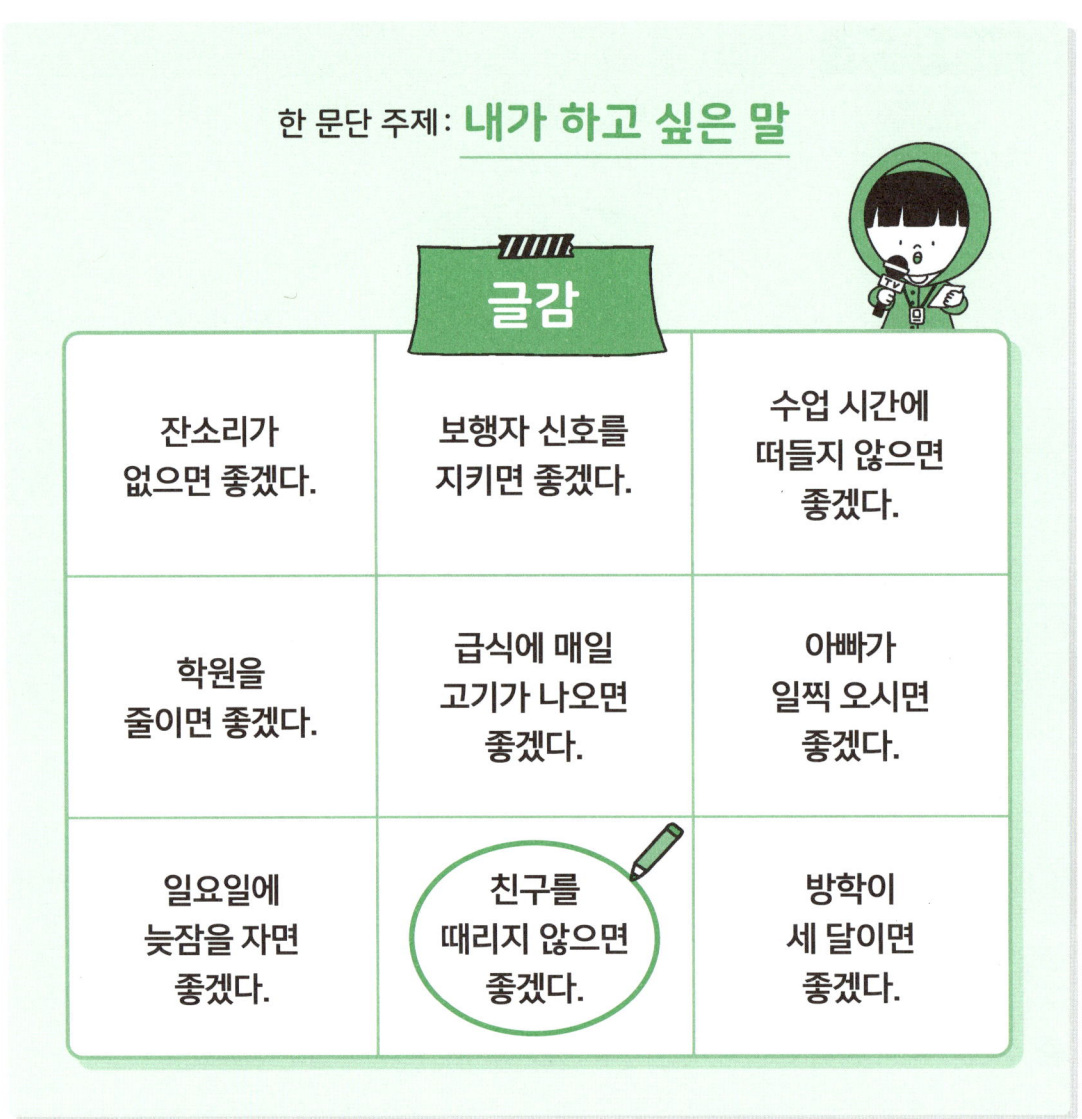

글감을 하나만 골라 오른쪽 수레바퀴 가운데에 중심 문장으로 써. 주변으로는 뒷받침 문장을 써 봐. 힌트 질문에 답하며 써도 좋아.

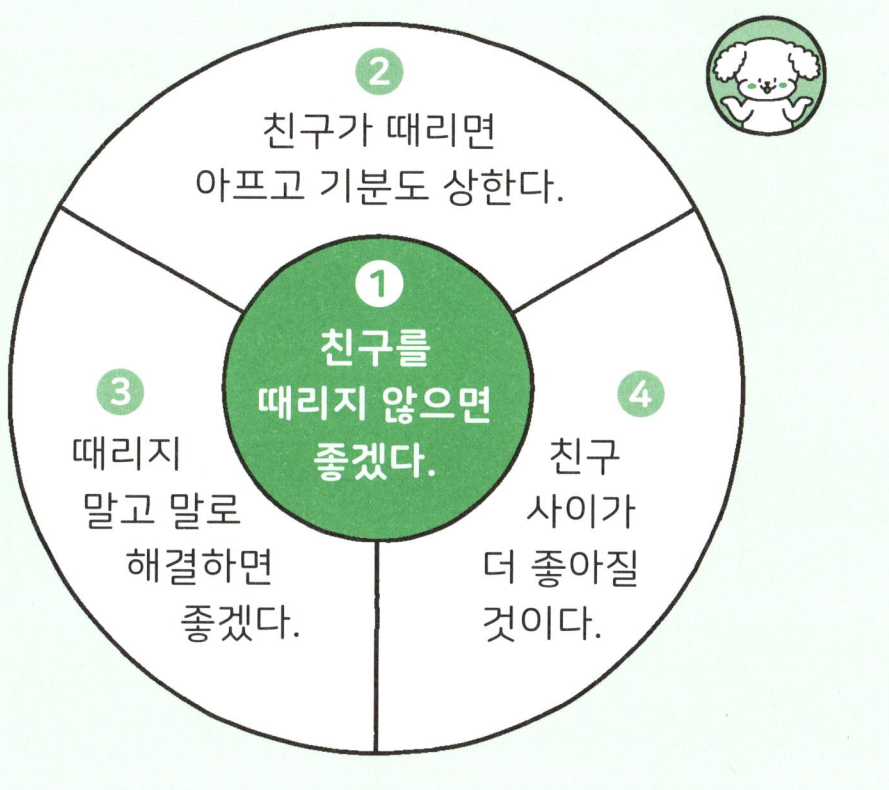

이제 수레바퀴 속 중심 문장과 뒷받침 문장을 모아 한 문단을 쓰면 돼(글이 자연스럽게 이어지도록 문장을 조금씩 바꾸어도 좋아.).

⭐ 친구를 때리지 않으면 좋겠다. 친구가 때리면 아프기도 하지만 기분이 더 상한다. 때리지 말고 제발 말로 해결하면 좋겠다. 그러면 친구 사이가 더 좋아질 것이다.

⭐ 68쪽 표에서 글감을 하나 골라 수레바퀴 가운데에 중심 문장으로 써. 주변으로는 뒷받침 문장을 써 봐. 힌트 질문에 답하며 써도 돼.

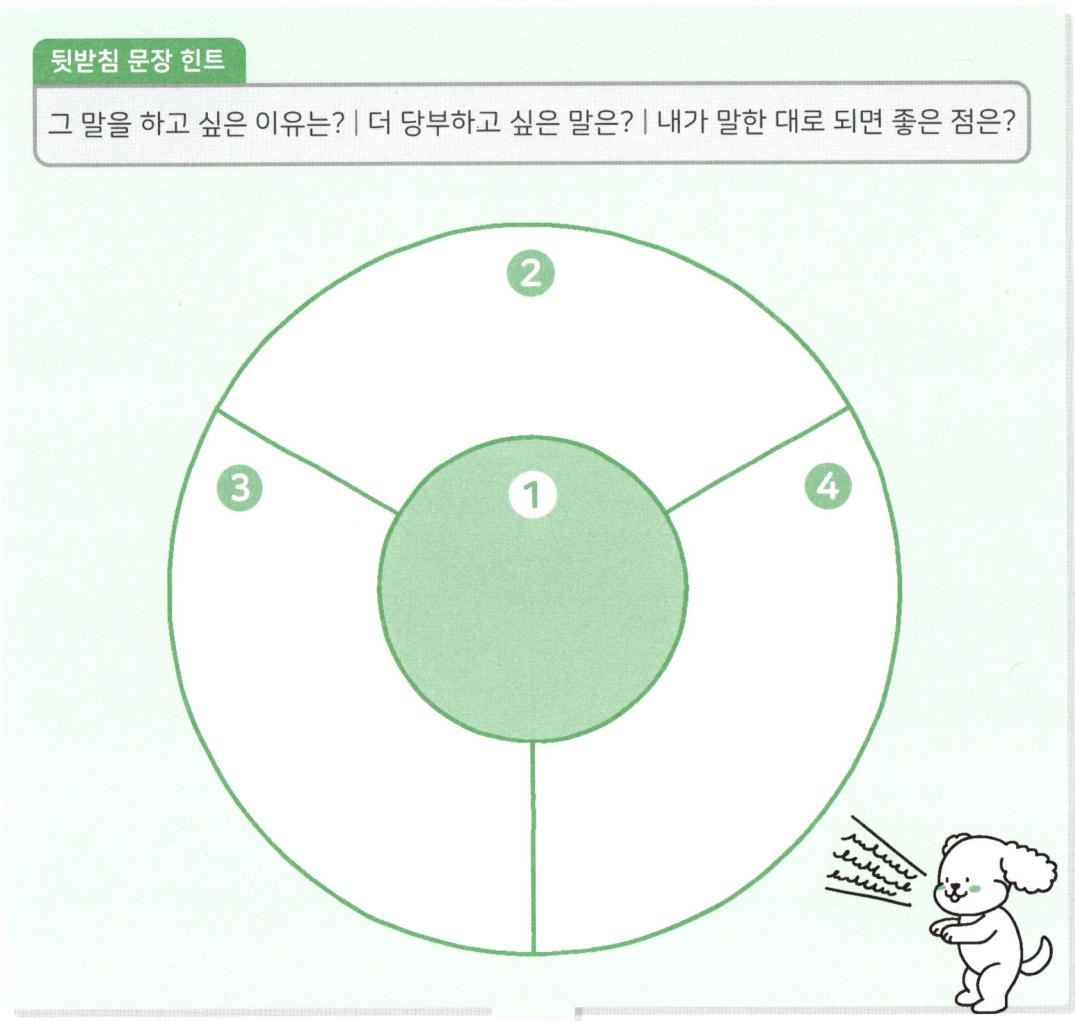

뒷받침 문장 힌트
그 말을 하고 싶은 이유는? | 더 당부하고 싶은 말은? | 내가 말한 대로 되면 좋은 점은?

⭐ 수레바퀴 속 중심 문장과 뒷받침 문장을 이어서 한 문단을 완성해.

⭐ 한 번 더 연습해. 68쪽 표에서 글감을 하나 더 골라 수레바퀴 가운데에 중심 문장으로 써. 주변으로는 뒷받침 문장을 써 봐.

뒷받침 문장 힌트
그 말을 하고 싶은 이유는? | 더 당부하고 싶은 말은? | 내가 말한 대로 되면 좋은 점은?

⭐ 수레바퀴 속 중심 문장과 뒷받침 문장을 이어서 한 문단을 완성해.

⭐ 한 문단을 스스로 써 보니 어때? 이번 장에서 4편이나 썼어! 쓴 글 중 3편을 뽑아 상을 주자. 모든 글은 소중하지만 네 글을 돌아보기 위해 등수를 매겨 보는 거야.

7. 한 문단을 써요 2
다섯 문장 쓰기

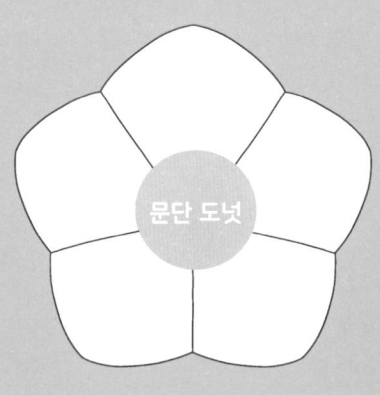

문단 도넛

문단 도넛을 이용해서 다섯 문장 한 문단을 써 볼까?

1 이야기를 지어 한 문단을 써요

한 문단을 다섯 문장으로 더 길게 써 보자. 앞에서 한 방법과 같으니 어렵지 않아!

⭐ 아래 도넛에 우리가 잘 아는 동화가 들어 있어. 가운데는 제목이 있고, 주변으로는 이야기를 담은 문장을 써 두었지. 번호순으로 읽어 볼까?

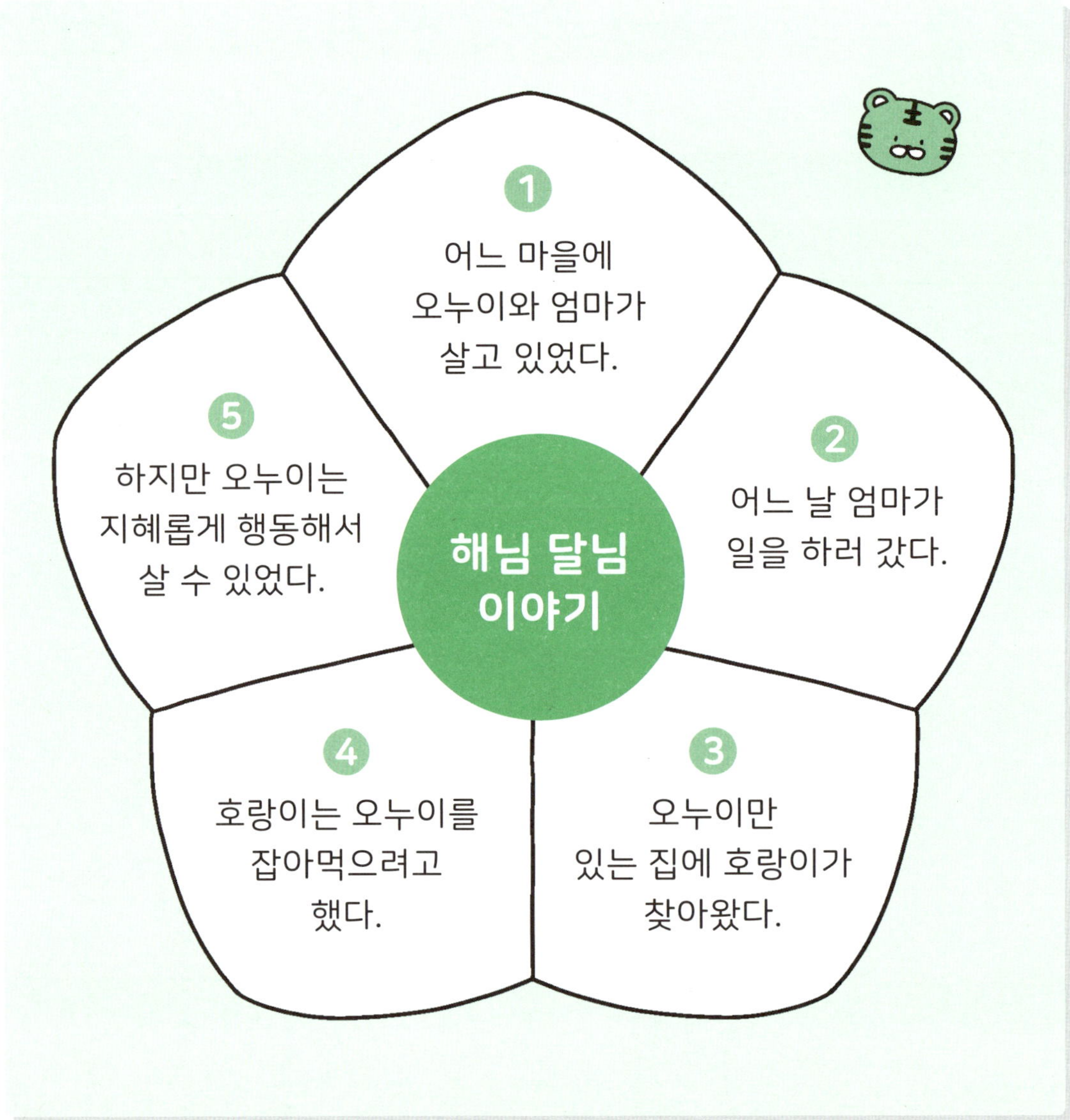

해님 달님 이야기

1. 어느 마을에 오누이와 엄마가 살고 있었다.
2. 어느 날 엄마가 일을 하러 갔다.
3. 오누이만 있는 집에 호랑이가 찾아왔다.
4. 호랑이는 오누이를 잡아먹으려고 했다.
5. 하지만 오누이는 지혜롭게 행동해서 살 수 있었다.

가운데 제목을 제목 칸에 쓴 다음, 읽은 것처럼 주변 문장(문장 ❶~❺)을 번호대로 이어 써 볼게.

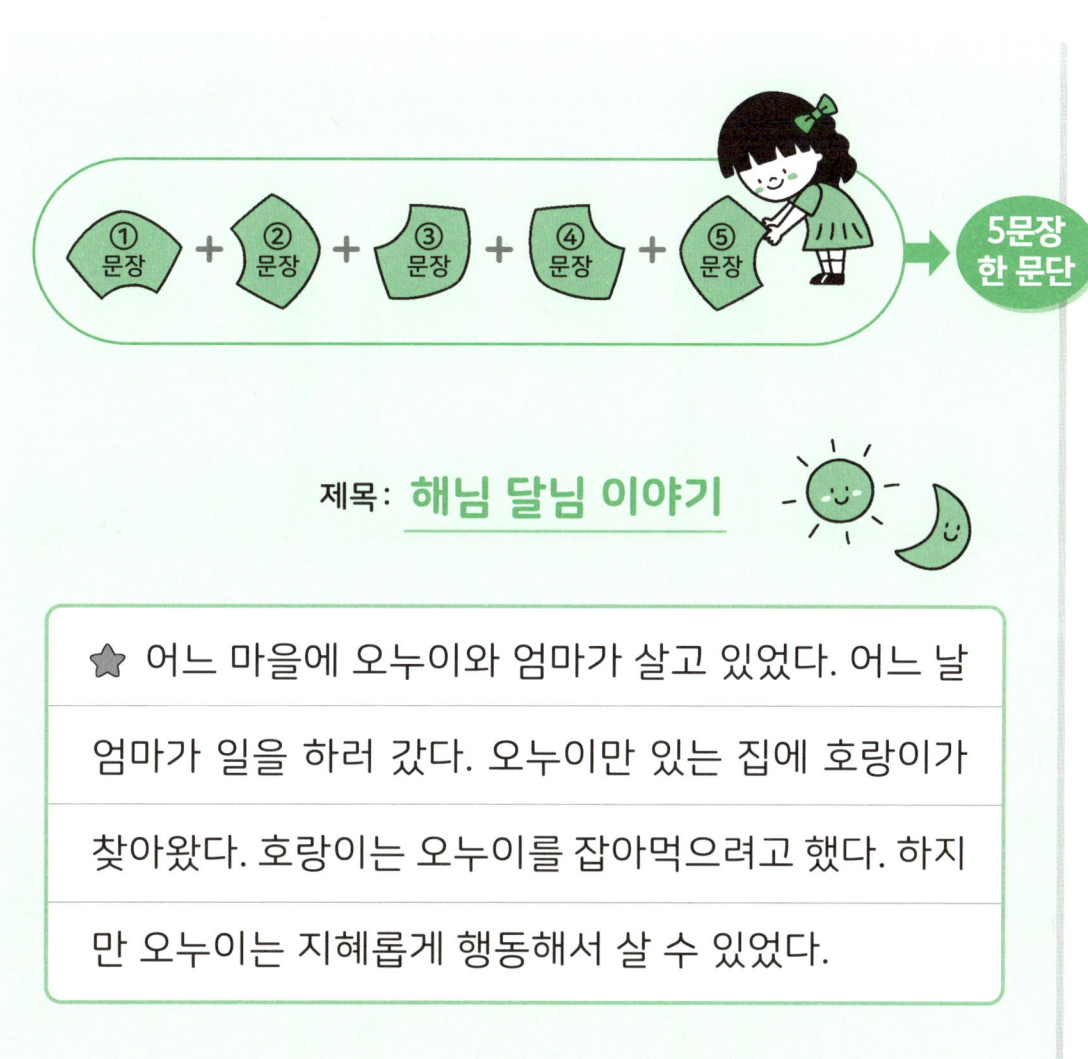

★ 어느 마을에 오누이와 엄마가 살고 있었다. 어느 날 엄마가 일을 하러 갔다. 오누이만 있는 집에 호랑이가 찾아왔다. 호랑이는 오누이를 잡아먹으려고 했다. 하지만 오누이는 지혜롭게 행동해서 살 수 있었다.

5문장이 들어 있는 한 문단의 글이 되었지?
이렇게 이야기의 순서에 따라 도넛 칸을 하나씩 채우고
도넛 속 문장 5개를 이어 쓰면 이야기 한 문단 완성!
다음 장에서 직접 이야기 문단을 만들어 보자.

이야기 한 문단을 스스로 써 볼까? 재밌는 이야기로 이어질 만한 첫 문장들을 모아 두었어. 네가 쓰고 싶은 것에 모두 동그라미 해 봐.

숲속에 소심한 사자가 살았어요.

민지네 반에 영민이라는 아이가 전학을 왔어요.

서진이와 서영이는 매일 싸우는 자매입니다.

못생겼다고 놀림받던 아기 고양이가 있었습니다.

지성이는 학원 가기를 너무 싫어했어.

친구만 보면 나쁜 말을 하던 민수가 있었습니다.

어느 날 수정이네 반에 로봇 선생님이 왔어요.

혼자 사는 할아버지가 떠돌이 강아지를 만났어요.

진달래 마을 전체에 갑자기 불이 나갔어요.

이제 문장을 하나만 골라 첫 줄을 아래 노트에 쓸 거야. 그리고 이어질 문장을 더 써야 해. 잘 생각나지 않으면 힌트 질문에 답해서 쓰면 돼.

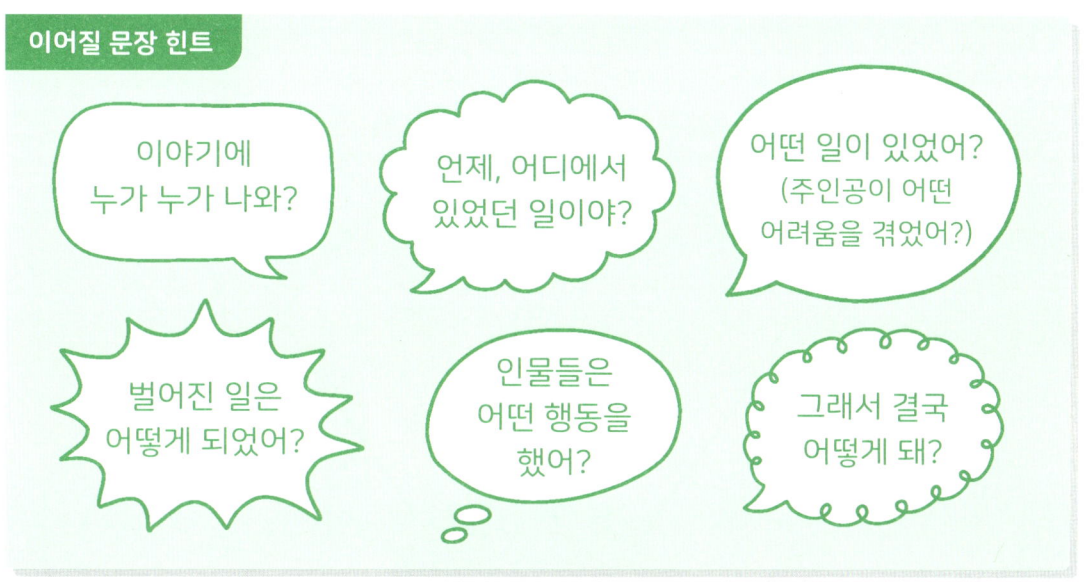

이어질 문장 힌트

왼쪽에서 고른 문장으로 시작하는 한 문단을 선생님이 먼저 써 볼게. 5문장인지 세려고 앞에 숫자를 붙였어. 다 쓰고 제목까지 붙이면 이야기 한 문단 완성!

제목: **못생긴 아기 고양이**

★ ¹못생겼다고 놀림받던 아기 고양이가 있었습니다. ²고양이는 마을을 떠돌며 외롭게 살았지요. 그런데 어느 날 ³어린아이가 오더니 처음으로 예쁘다고 말해 준 거예요. 다음 날은 ⁴아이의 엄마도 와서 고양이를 집으로 데려가 함께 살기로 했답니다. ⁵고양이는 자기를 예뻐하는 가족과 행복하게 살았어요.

⭐ 76쪽에서 재미있는 이야기로 이어질 만한 문장을 하나만 골라 도넛 ❶에 써. 이어질 이야기 문장은 ❷~❺에 써 봐. 77쪽 힌트 질문에 답하며 써도 좋아.

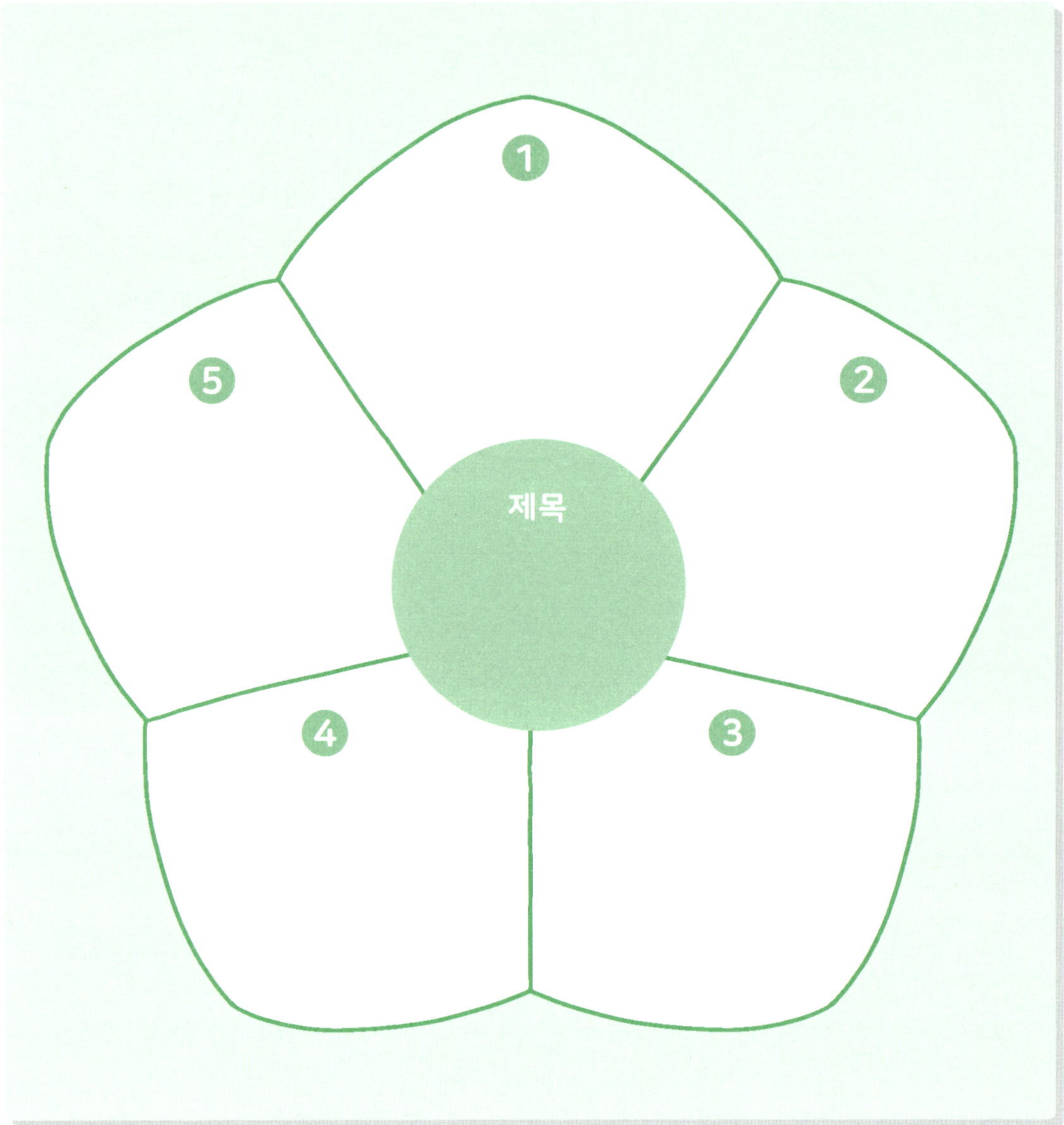

❶
❷
❸
❹
❺
제목

⭐ 다 썼으면 맨 가운데에 어울리는 제목도 써 줘.

⭐ 이제 ①~⑤ 번호순으로 문장들을 이어서 이야기 한 문단을 써 줘. 문단 쓰기 약속인 첫 칸 비우기를 잊지 마. 또 한 문단은 줄을 바꾸지 않고 죽 이어서 써야 해.

제목 : _____

☆

⭐ 5문장으로 된 이야기 한 문단을 써 보니 어때? 너도 작가처럼 재미있는 동화를 쓸 수 있어! 이번에는 친구나 가족 여러 명이 돌아가며 동화를 써 보자.

돌아가며 동화 쓰는 방법

1. 맨 처음은 선생님이 시작할게. 첫 문장을 아래에 썼어. 이어서 네가 다음 한 문장을 써.
2. 그다음은 친구나 가족에게 넘겨서 돌아가며 한 문장씩 써.
3. 모두 5문장까지 쓰면 되고 더 길어져도 돼. 단, 마지막 문장에서 한 문단의 이야기를 마무리해 줘.
4. 다 썼으면 글과 어울리는 제목을 붙여 줘.

재미있는 동화 완성!

제목: _____

⭐ 부모님이 모두 돌아가시고 소녀가 혼자 살고 있었어요.

8 두 문단을 이해해요

한 문단을 잘 썼으니, 이제 두 문단에도 도전하면 어때?

1 왜 두 문단으로 나눌까요?

지금까지는 한 문단을 배우고 썼어. 이제 두 문단에도 도전해 보자.

먼저 아래 글을 읽어 봐. 앞에 나온 글보다 좀 더 길어졌어.

> ★ 눈이 내리는 날은 참 좋다. 눈싸움도 할 수 있고, 눈사람도 만들 수 있다. 눈싸움할 때 아빠가 던지는 눈을 맞으면 정말 아프다. 그래서 나도 세게 던지는데 아빠는 너무 잘 피해서 조금 밉다. 눈사람은 눈을 데굴데굴 굴려서 몸통부터 만들어야 한다. 몸통을 크게 만드는 게 어렵긴 하다. 그럴 때는 뭉친 눈 가운데에 돌을 하나 넣고 굴리고 또 굴리면 만들기 쉽다. 다 만든 눈사람을 집 베란다에서 내려다보면 기분이 좋다.

이 글은 몇 문단일까?
첫 칸 비우기가 한 번만 된 걸 보니 한 문단이야. 그런데 글이 너무 길지?
내용도 '눈이 내리는 날이 좋은 이유'를 두 가지나 들고 있어.

그럼 두 가지 이유를 비슷한 것끼리 색으로 구분해 보자.

★ **눈이 내리는 날은 참 좋다.** 눈싸움도 할 수 있고, 눈사람도 만들 수 있다. 눈싸움할 때 아빠가 던지는 눈을 맞으면 정말 아프다. 그래서 나도 세게 던지는데 아빠는 너무 잘 피해서 조금 밉다. 눈사람은 눈을 데굴데굴 굴려서 몸통부터 만들어야 한다. 몸통을 크게 만드는 게 어렵긴 하다. 그럴 때는 뭉친 눈 가운데에 돌을 하나 넣고 굴리고 또 굴리면 만들기 쉽다. 다 만든 눈사람을 집 베란다에서 내려다보면 기분이 좋다.

굵게 표시한 첫 문장이 글 전체의 왕(중심 문장)이야.
중심 문장을 뒷받침하는 두 가지 이유도 살펴볼까?
녹색 문장은 '눈싸움을 할 수 있다.'라는 이유를 들었어.
회색 문장은 '눈사람을 만들 수 있다.'라는 이유를 들었지.

이 글은 길고, 내용도 두 가지가 섞여 있으니
색으로 구분한 대로 '두 문단'으로 나누어 쓰면 좋을 거야.

1문단
★ **눈이 내리는 날은 참 좋다.** 눈싸움을 할 수 있다. 눈싸움할 때 아빠가 던지는 눈을 맞으면 정말 아프다. 그래서 나도 세게 던지는데 아빠는 너무 잘 피해서 조금 밉다.

2문단
★ 눈사람도 만들 수 있다. 눈사람은 눈을 데굴데굴 굴려서 몸통부터 만들어야 한다. 몸통을 크게 만드는 게 어렵긴 하다. 그럴 때는 뭉친 눈 가운데에 돌을 하나 넣고 굴리고 또 굴리면 만들기 쉽다. 다 만든 눈사람을 집 베란다에서 내려다보면 기분이 좋다.

어때? 눈이 내리는 날이 좋은 이유로 '눈싸움을 할 수 있다.'라는 것과 '눈사람을 만들 수 있다.'라는 것을 구분한 색대로 두 문단으로 나누었어. 문단이 나누어지는 곳에서는 줄을 바꾸고 첫 칸을 비워 줬지.

이렇게 '두 문단'으로 글을 쓰면 무엇이 좋을까?

첫째
읽는 사람이 내용을 더 잘 이해할 수 있어.

둘째
쓰는 사람도 하려는 말을 차근차근 전달할 수 있어.

글 전체의 왕(중심 문장)은 첫 문장인 '눈이 내리는 날은 참 좋다.'야. 이제는 각 문단의 왕도 찾아보자.

글 전체의 왕 문장

1문단
⭐ **눈이 내리는 날은 참 좋다.** 눈싸움을 할 수 있다. 눈싸움할 때 아빠가 던지는 눈을 맞으면 정말 아프다. 그래서 나도 세게 던지는데 아빠는 너무 잘 피해서 조금 밉다.

2문단
⭐ 눈사람도 만들 수 있다. 눈사람은 눈을 데굴데굴 굴려서 몸통부터 만들어야 한다. 몸통을 크게 만드는 게 어렵긴 하다. 그럴 때는 뭉친 눈 가운데에 돌을 하나 넣고 굴리고 또 굴리면 만들기 쉽다. 다 만든 눈사람을 집 베란다에서 내려다보면 기분이 좋다.

- 1문단의 왕인 중심 문장을 써 봐.

- 2문단의 왕인 중심 문장을 써 봐.

> 문단이 여러 개일때는 각각의 문단에 중심 문장이 있어.

2 두 문단을 쉽게 쓰는 방법

이번에는 두 문단 수레바퀴를 사용해 보자. 이것을 사용하면 두 문단 글도 정말 쉽게 쓸 수 있어.

문단 수레바퀴를 사용해 두 문단을 쓰자. 먼저 수레바퀴 가운데에 쓰고 싶은 주제를 써. 그리고 위쪽 칸에 주제와 이어지는 내용을 3문장 썼어.

1문단

① 한 가지는 편지지다.
② 외국으로 이사 간 친구에게 편지를 쓰고 싶다.
③ 전화해도 되지만 편지를 쓰면 더 설렐 것 같다.

문구점에 가면 두 가지를 살 것이다.

그러면 1문단 내용 완성!
이번에는 아래쪽 칸에도 주제와 이어지는 내용을 3문장 써 보았어.
이건 2문단이 돼.

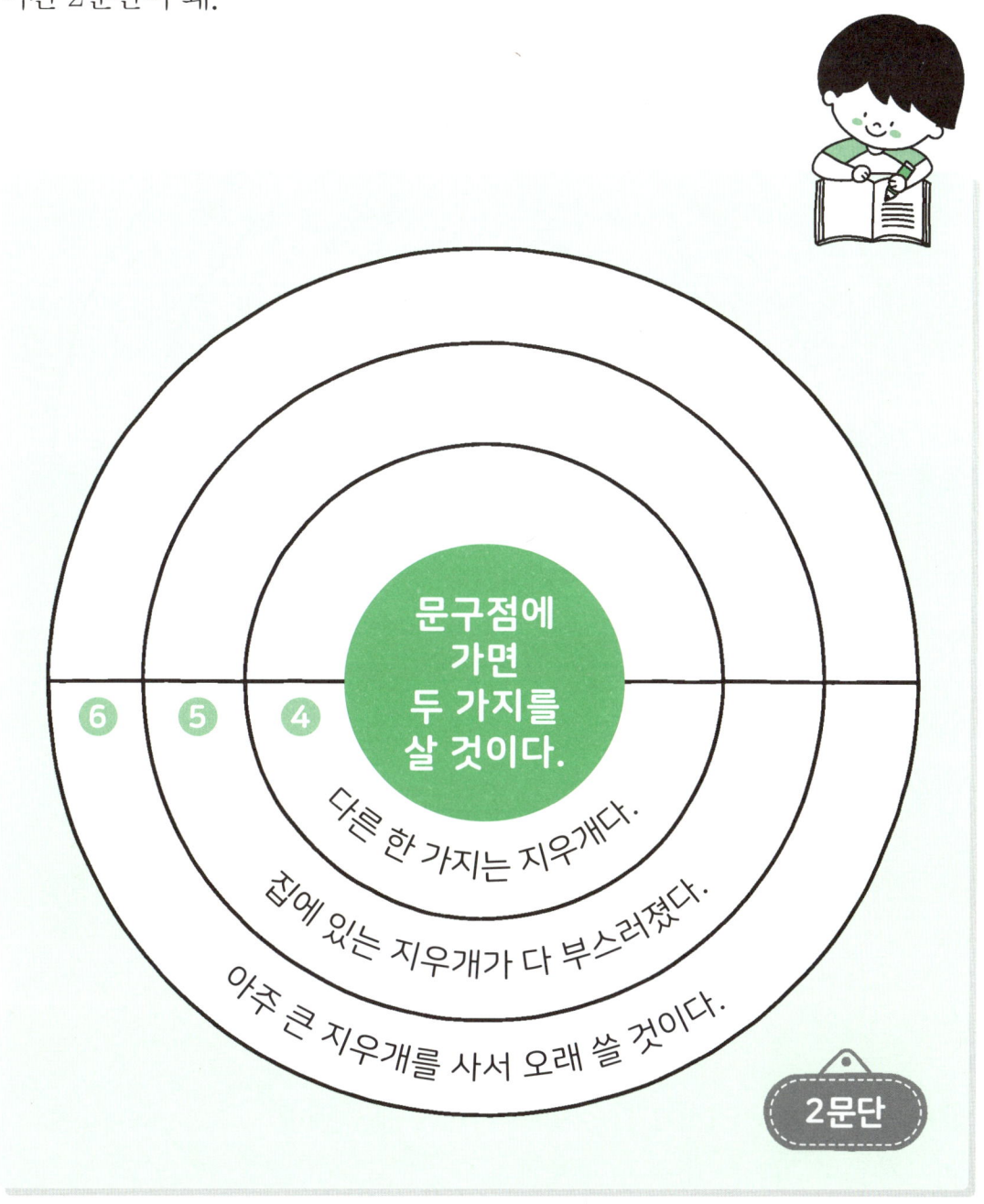

이제 위쪽 칸(1문단)과 아래쪽 칸(2문단)에 쓴 문장을 합쳐 볼까?

모두 합치면 이렇게 돼.

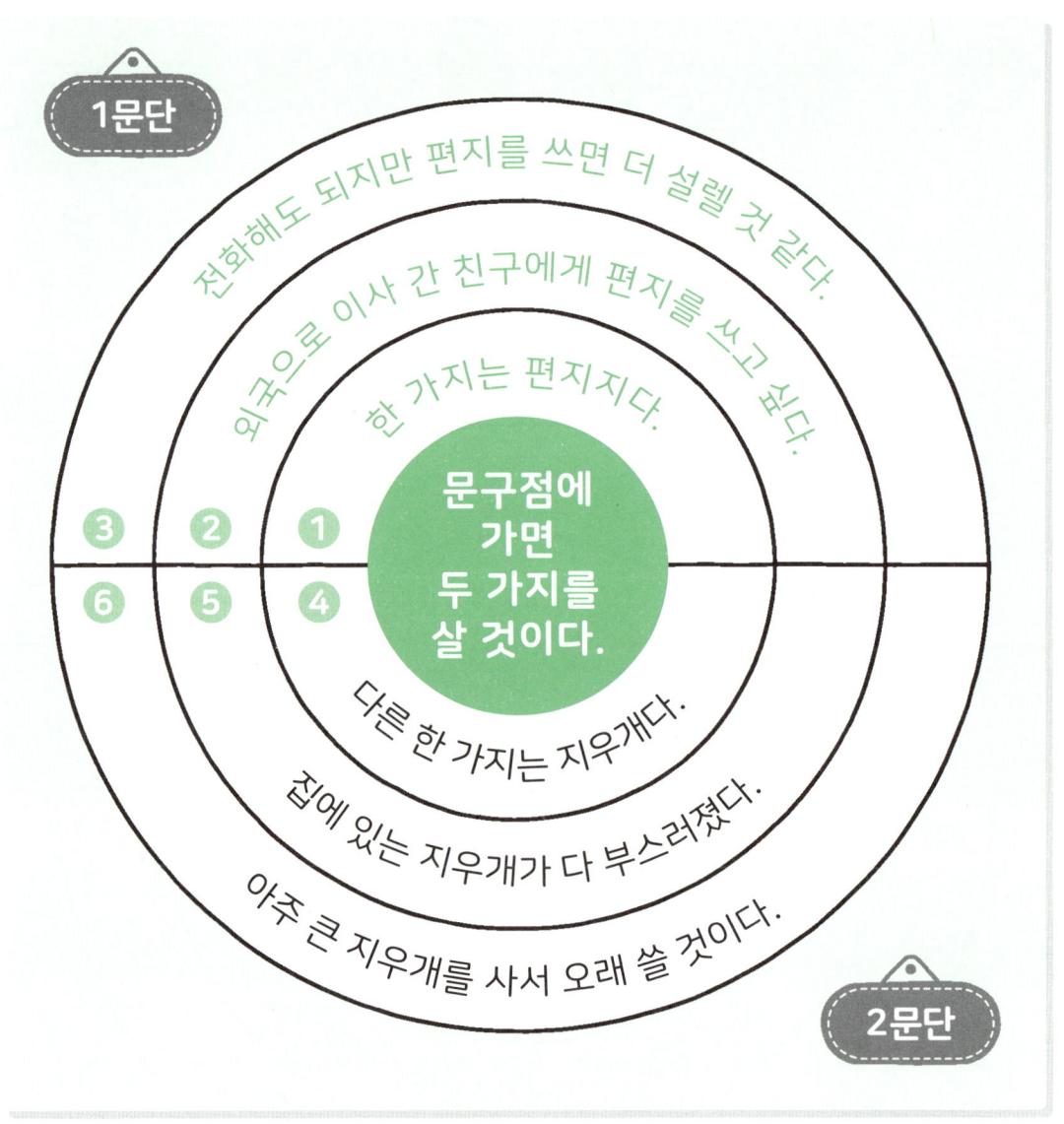

'문구점에 가면 두 가지를 살 것이다.'라는 주제에 대해
'편지지를 살 거라는 내용'은 위쪽에,
'지우개를 살 거라는 내용'은 아래쪽에 들어갔어.
각각 '1문단'과 '2문단'이 돼.

이제 문장을 번호순으로 이어서 아래 노트에 두 문단의 글을 완성해 볼까?
수레바퀴 가운데가 '글 전체의 왕'이니까 맨 처음에 쓰고,
이어서 1문단의 내용을 썼어.

⭐ 2문단 내용은 네가 써 봐. 새 문단을 시작할 때는 줄을 바꾼 다음, 첫 칸을 비우고 시작해.

1문단
　⭐ **문구점에 가면 두 가지를 살 것이다.** 한 가지는 편지지다. 외국으로 이사 간 친구에게 편지를 쓰고 싶다. 전화해도 되지만 편지를 쓰면 더 설렐 것 같다.

2문단
　⭐

⭐ 이제 1문단의 왕(중심 문장)과 2문단의 왕(중심 문장)을 각각 찾아 밑줄을 그어 봐.

스스로 두 문단 쓰기

★ '우리 동네는 참 좋다.'라는 주제를 수레바퀴 가운데에 적었어. 주제와 관련된 내용을 두 가지 떠올려서 각각 위쪽과 아래쪽 칸에 번호순으로 3문장씩 써 봐.

1문단

① ② ③
④ ⑤ ⑥

우리 동네는 참 좋다.

2문단

⭐ 이제 문장을 번호순으로 이어서 두 문단을 완성해. 맨 처음에는 주제이자 글 전체의 중심 문장인 '우리 동네는 참 좋다.'를 적었어. 이어서 1문단(문장 ❶~❸)과 2문단(문장 ❹~❻)을 쓰면 돼.

☆ **우리 동네는 참 좋다.**

⭐ 이제 1문단의 왕(중심 문장)과 2문단의 왕(중심 문장)을 각각 찾아 밑줄을 그어 봐.

1문단에서 2문단으로 넘어갈 때, 줄 바꾸기와 첫 칸 비우기 잘 했니?

3 문단을 적절하게 나누는 방법

문단이 나누어지지 않은 글을 나누어서 이해하기 쉬운 글을 만들어 주자.

문단이 나누어지지 않은 글이야. 읽고, 어디서 문단을 나눌지 동그라미 해 봐.

> ★ 어제는 정말 속상한 날이었다. 속상한 일이 연달아 있었기 때문이다. 아침에는 숙제한 것을 못 찾아서 학교에 지각했다. 그래서 선생님께 혼났다. 점심에는 더 속상한 일이 있었다. 급식을 받아 오다가 실수로 급식판을 떨어뜨려서 바닥과 옷이 엉망이 되었다. 쭈그리고 앉아서 치우는데 괜히 눈물이 났다. 어제는 모든 걸 잊고 싶은 날이다.

바로 3번째 줄 '점심에는'이 시작하는 곳에서 나누어 주면 돼.
이 글은 어제 있었던 속상한 일 '두 가지'를 썼어.
한 가지는 '아침에 있었던 일', 나머지는 '점심에 있었던 일'이지.
그래서 이 두 가지를 1문단과 2문단으로 나누면 좋을 거야.

⭐ 왼쪽 글을 두 문단으로 적절히 나누어서 써 봐.

☆ 어제는 정말 속상한 날이었다. 속상한 일이 연달아 있었기 때문이다. 아침에는 숙제한 것을 못 찾아서 학교에 지각했다. 그래서 선생님께 혼났다.

새로운 내용이 나오는 곳에서 줄을 바꾸고
첫 칸을 비워서 문단이 나누어지는 것을 잘 표시해 주었니?
그럼 이해하기 쉬운 '두 문단'의 글이 돼.

문단을 나누어 주라는 것을 표시하는 부호도 있어.
오른쪽 그림처럼 표시해 줘.
줄을 바꾸어 내려 쓰라는 의미야.

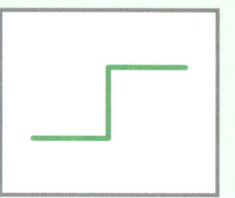

⭐ 문단이 나누어지지 않은 글이야. 읽고, 어디서 문단을 나눌지 부호로 표시해 봐.

⭐ 이번 제주 여행은 환상적이었다. 첫날 도착하자마자 우리 가족은 흑돼지를 먹으러 갔다. 너무 맛있어서 4명이 6인분이나 먹었다. 배가 부르니 행복해서 가는 곳마다 좋았다. 실컷 돌아다니다가 숙소에 와서 곯아떨어졌다. 둘째 날은 바다에 갔다. 제주 바다는 언제 보아도 좋다. 예쁜 벤치에 앉아서 사진 찍는 것도 좋았다. 사진을 50장도 더 찍으며 신나게 놀았다.

바로 5번째 줄 '둘째 날은'이 시작하는 곳에서 나누어 주면 돼.
이 글은 제주 여행의 '첫날'과 '둘째 날', 시간에 따라 이야기를 끌어갔어.
그래서 '시간의 변화'가 문단을 나누는 기준이 되었어.

⭐ 한 번 더 연습해. 문단이 나누어지지 않은 글이야. 읽고, 어디서 문단을 나눌지 부호로 표시해 봐.

> ⭐ 오늘은 정말 정신없는 날이었다. 아침에 늦잠을 자는 바람에 학교에 늦을까 봐 허둥대며 뛰어갔다. 1교시를 마치고 화장실을 가려고 하는데 준비물을 안 가져온 걸 알았다. 그래서 엄마한테 전화를 하느라 결국 화장실도 못 갔다. 학교를 마치고 집에 와서는 간식을 먹으려고 하는데, 학원 선생님께 전화가 왔다. 오늘부터 2시 수업인데 왜 안 오냐고 하셔서 '아차!' 하고 바로 달려갔다. 대체 내 정신은 어디에 있는 거지?

바로 5번째 줄 '학교를 마치고'가 시작하는 곳에서 나누어 주면 돼. 이 글은 정신없었던 하루를 '학교'와 '집', 두 장소에 따라 설명했어. 그래서 '장소의 변화'가 문단을 나누는 기준이 되었어.

⭐ 문단이 나누어지지 않은 글을 읽고, 어디서 문단을 나눌지 부호로 표시해 봐.

⭐ 2교시 미술 시간에 있었던 일이다. 선생님이 내 그림을 보시더니 색이 창의적이라고 말씀해 주셨다. 나는 기뻐서 웃었다. 내 짝도 그림이 멋지다고 했다. 그런데 곧 짜증 나는 일이 생겨 버렸다. 옆을 지나가던 진우가 내 그림에 물을 쏟은 것이다. 엄마한테 자랑하려고 했는데 못 하게 되어 너무 속상했다. 사진을 찍어 두지 않은 게 후회되었다.

⭐ 이번에는 왜 그렇게 문단을 나누었는지 간단히 설명도 해 봐.

9

두 문단을 써요

일곱 문장, 여덟 문장 쓰기

1 주어진 주제로 두 문단을 써요

이제 주어진 주제를 가지고 직접 두 문단을 써 봐.

'나의 장점 두 가지'를 주제로 두 문단을 써 보자. 어떻게 썼는지 번호순으로 읽어 봐. 문단의 내용은 힌트 질문에 답하며 썼어.

문장 힌트
너의 장점은? | 왜 장점이야? | 사람들은 뭐라고 해? | 그 장점이 좋은 이유는?

1문단
- ① 한 가지는 잘 웃는 것이다.
- ② 내가 웃으면 사람들이 기분이 좋아진다고 한다.
- ③ 웃음은 나 자신도 행복하게 해 준다.

나의 장점 두 가지를 쓰겠다.

2문단
- ④ 또 한 가지는 부지런함이다.
- ⑤ 해야 할 일을 미루지 않고 스스로 잘한다.
- ⑥ 엄마는 항상 내가 기특하다고 한다.

이제 문장을 합쳐 두 문단을 완성해. 수레바퀴 가운데가 글 전체의 중심 문장이니 맨 처음에 써. 이어 1문단(문장 ❶~❸)과 2문단(문장 ❹~❻)을 쓰면 돼.

제목: **나의 장점**

나는 두 가지 장점이 있다. 한 가지는 잘 웃는 것이다.

내가 웃으면 주변 사람들이 기분이 좋아진다고 한다. 잘 웃으면 나 자신도 행복해지는 것을 느낀다.

두 번째 장점은 부지런하다는 것이다. 나는 해야 할 일을 미루지 않고 스스로 바로바로 한다. 그래서 엄마는 나를 항상 기특하게 바라보신다.

수레바퀴에 쓴 문장을 조금씩 바꾸어 더 자연스러운 글로 완성했어.
다 썼으면 제목도 붙이고, 쓴 글을 스스로 점검해 봐.
점검표에 ○×로 표시하고 잘 안 된 곳이 있으면 고쳐 쓰면 돼.

두 문단의 글이 되었어?	각 문단의 첫 칸 비우기를 했어?	문단이 바뀔 때 줄을 바꾸었어?
○ / ×	○ / ×	○ / ×

⭐ 이제 '나의 장점 두 가지'를 주제로 스스로 두 문단을 써 봐. 1~2문단에 각각 들어갈 두 가지 내용을 써. 힌트 질문에 답하며 써도 좋아.

문장 힌트
너의 장점은? | 왜 장점이야? | 사람들은 뭐라고 해? | 그 장점이 좋은 이유는?

⭐ 이제 문장을 번호순으로 이어서 두 문단을 완성해. 맨 처음에는 주제이자 글 전체의 중심 문장인 '나의 장점 두 가지를 쓰겠다.'를 써. 이어서 1문단(문장 ❶~❸)과 2문단(문장 ❹~❻)을 써 봐.

제목: _____

⭐ 다 썼으면 어울리는 제목을 붙여 주고 글을 점검해.

두 문단의 글이 되었어?	각 문단의 첫 칸 비우기를 했어?	문단이 바뀔 때 줄을 바꾸었어?
○ / ×	○ / ×	○ / ×

이번에도 두 문단을 쓸 건데, 다른 방법으로 해 볼 거야. '내가 살고 싶은 집'을 주제로 수레바퀴 2개에 1~2문단의 내용을 나누어 썼어. 먼저 읽어 봐.

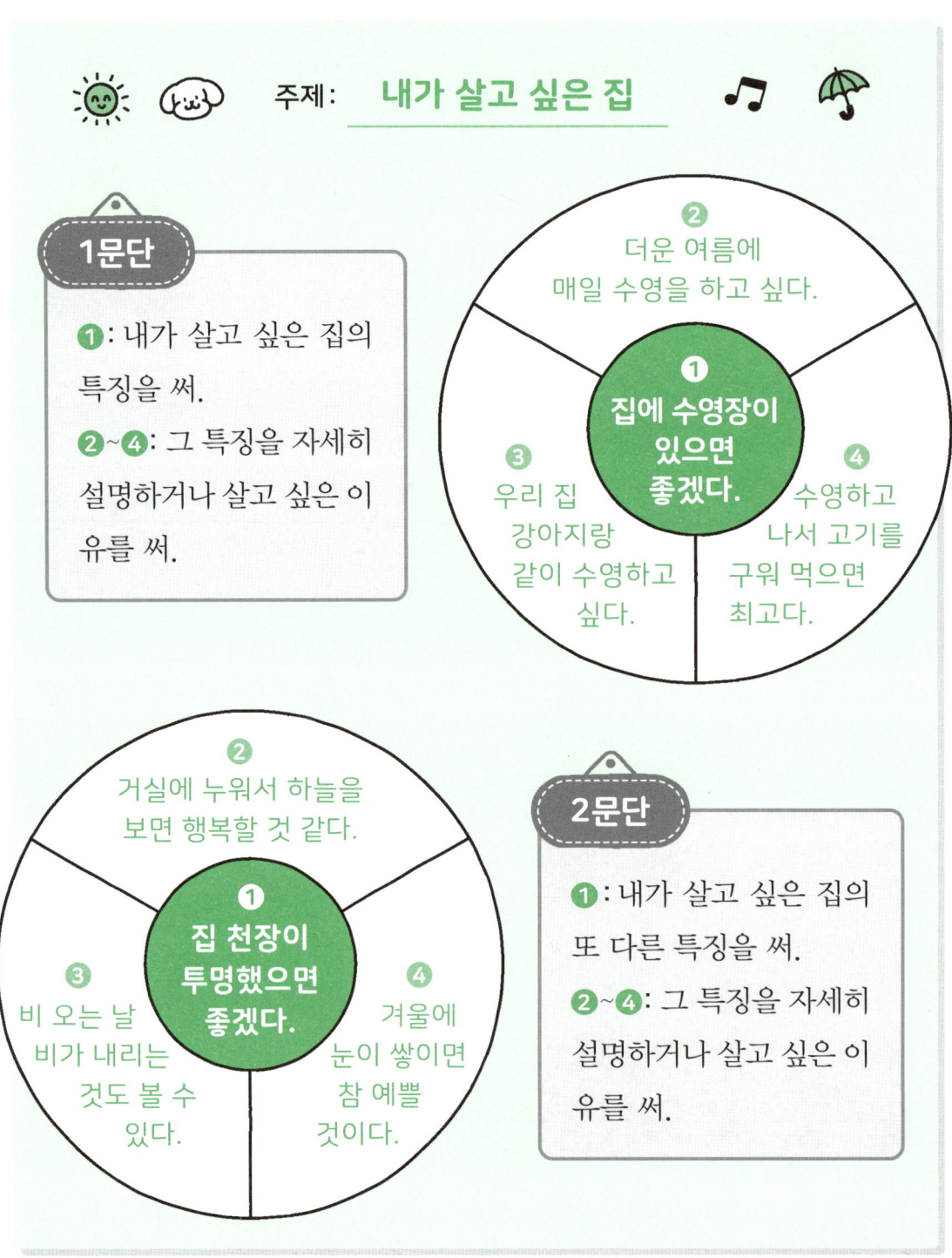

이제 두 수레바퀴의 모든 문장을 합쳐 두 문단을 완성해. 수레바퀴 가운데가 (문장 ❶) 중심 문장이니까 각 문단의 맨 처음에 써. 이어서 뒷받침 문장(문장 ❷~❹)을 쓰면 돼.

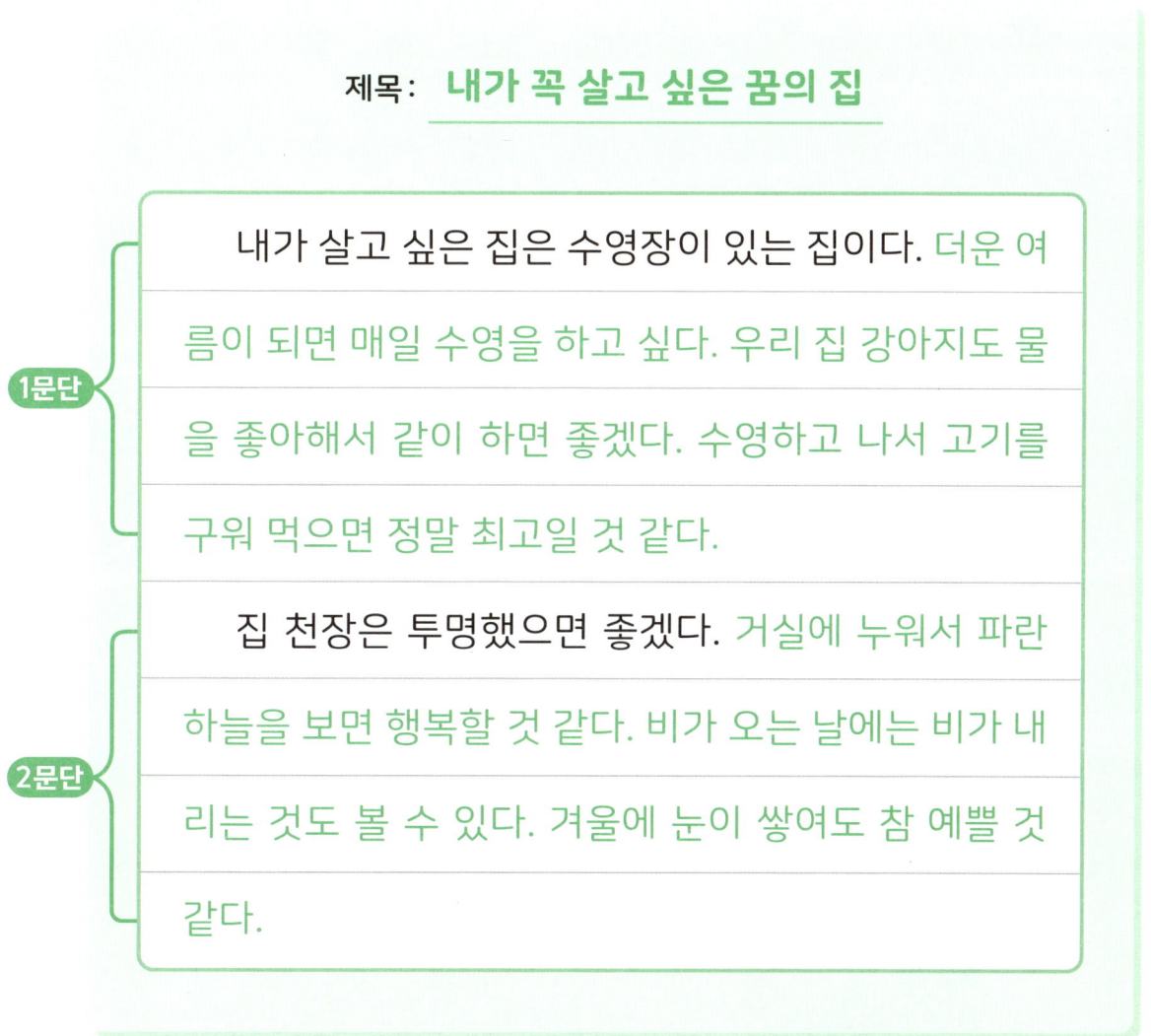

수레바퀴에 쓴 문장을 조금씩 바꾸어 더 자연스러운 글로 완성했어.
이렇게 수레바퀴 2개를 사용해 두 문단을 쓸 수도 있어.
다음 장에서 직접 두 문단을 만들어 봐.

⭐ 이제 '내가 살고 싶은 집'을 주제로 스스로 두 문단을 써 봐. 먼저 수레바퀴 2개에 1~2문단에 들어갈 내용을 나누어 써.

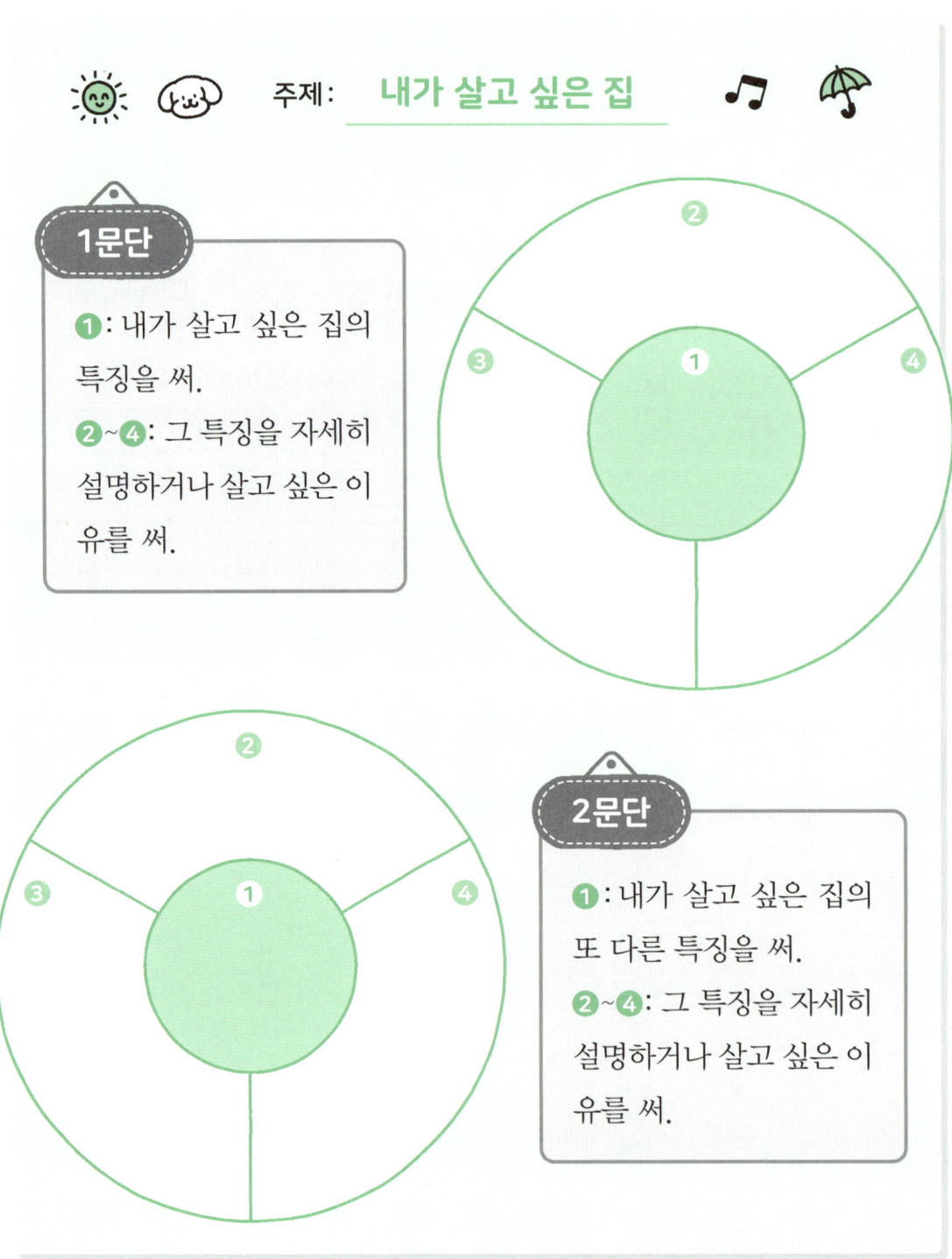

⭐ 이제 두 수레바퀴의 모든 문장을 합쳐 두 문단을 완성해. 수레바퀴 가운데 중심 문장(문장 ❶)을 각 문단의 맨 처음에 써. 이어서 뒷받침 문장(문장 ❷~❹)을 쓰면 돼.

제목 : _____

⭐ 다 썼으면 어울리는 제목을 붙여 주고 글을 점검해.

두 문단의 글이 되었어?	각 문단의 첫 칸 비우기를 했어?	문단이 바뀔 때 줄을 바꾸었어?
○ / ×	○ / ×	○ / ×

2 주제를 골라 두 문단을 써요

스스로 주제를 골라서 두 문단을 써 보자. 네가 하고 싶은 말, 생각해 본 일을 떠올려서 쓰는 거야.

★ 표에 다양한 글감을 모았어. 네가 쓰고 싶은 것에 모두 동그라미 해 봐.

글감

내가 좋아하는 것 두 가지가 있다.	내가 여행을 좋아하는 두 가지 이유가 있다.	내가 좋아하는 두 사람을 소개하겠다.
오늘 행복한 일 두 가지가 있었다.	친구와 잘 사귀는 방법 두 가지를 말하겠다.	사막에 간다면 두 가지를 가져가겠다.
학교를 좋아하는 두 가지 이유가 있다.	어린이라서 좋은 점 두 가지가 있다.	내일 할 일 두 가지가 있다.

⭐ 글감을 하나만 골라 이번에는 수레바퀴에 쓰지 않고 두 문단으로 바로 써 봐. 각 문단의 맨 처음에 중심 문장이 오고, 이것을 따르는 뒷받침 문장이 이어서 오면 돼.

제목: _____

⭐ 다 썼으면 어울리는 제목을 붙여 주고 글을 점검해.

두 문단의 글이 되었어?	각 문단의 첫 칸 비우기를 했어?	문단이 바뀔 때 줄을 바꾸었어?
○ / ✕	○ / ✕	○ / ✕

⭐ 지금까지 두 문단을 배우고 써 보았어. 두 문단도 잘 이해했는지 확인해 볼까? 친구가 쓴 글을 읽고, 아래 질문에 따라 표시해 봐.

제목: _____

> 내가 되고 싶은 사람을 생각해 봤다. 나는 날마다 웃는 사람이 되고 싶다. 엄마는 웃는 사람이 행복한 사람이라고 말씀하셨다. 웃으면 주변 사람까지 행복하게 만든다.
>
> 그리고 친절한 사람이 되고 싶다. 말과 행동이 친절한 사람은 다른 사람을 도울 수 있다. 다른 사람을 돕는 일은 나를 멋지게 만든다.

질문

1. 1문단과 2문단을 다른 색깔로 밑줄을 그어 구분해 볼까?

2. 이 글 전체의 중심 문장을 찾아 동그라미 해 볼까?

3. 1문단의 중심 문장과 2문단의 중심 문장을 각각 색칠해 볼까?

4. 이 글에 어울리는 제목을 제목 칸에 써 볼까?

10 세 문단을 이해하고 써요

열 문장 쓰기

더 많은 문단이 모인 글도 있어. 세 문단 글을 읽어 보고 함께 써 보자.

1 세 문단 생활글을 이해해요

이제 두 문단보다 더 긴 세 문단 글을 살펴볼까? 또 생활에서 있었던 일을 담은 '생활글'에 대해서도 알아보자.

생활에서 있었던 일을 쓴 글이야. 문단을 떠올리며 읽어 봐.

제목: **양보는 참 좋아!**

어제 놀이터에서 있었던 일이다. 내가 그네를 타는데 어떤 꼬마가 오더니 타고 싶다고 했다. 그래서 나는 양보해 주었다.

처음에는 조금 망설였지만 그 아이가 재밌게 노는 것을 보니 나도 기분이 좋았다. 무엇을 할까 생각하며 벤치에 앉아 있는데 그 꼬마 엄마가 와서 나에게 고맙다고 했다. 나도 고맙다고 인사했다.

그러다 할 일이 없어 집에 왔다. 그런데 엄마가 베란다에서 그걸 보셨다면서 칭찬해 줬다. 양보는 참 좋은 것이다.

⭐ 잘 읽었으면 질문에 대답해 봐.

1. 왼쪽 글에서 첫 칸을 비운 부분에 별 표시를 모두 해 줘.

2. 첫 번째 문단에서 알 수 있는 '놀이터에서 있었던 일'은 뭐야?
   _____

3. 꼬마의 엄마는 이 글을 쓴 아이에게 뭐라고 했어?
   _____

4. 베란다에서 지켜보던 엄마가 칭찬해 주셨다는 내용은 몇 문단에 나와?
   [   ] 문단

5. 글을 쓴 아이의 행동에 대해 너는 어떻게 생각해?
   _____

6. 글을 쓴 아이의 '양보는 참 좋은 것이다.'라는 말을 너는 어떻게 생각해?
   _____

앞에서 읽은 글은 '양보는 참 좋다.'를 주제로 쓴 '3문단' 글이야.
생활에서 있었던 경험을 담은 글이라서 '생활글'이라고 하지.

2 세 문단 설명글을 이해해요

이번에는 세 문단으로 된 설명글을 살펴볼 거야. '설명글'은 무언가를 설명하는 글이지.

스마트폰의 좋은 점을 설명한 글이야. 문단을 떠올리며 읽어 봐.

제목: 스마트폰의 장점

스마트폰은 좋은 점이 많다. 첫째, 인터넷에 들어가 모르는 것을 찾아보기 쉽다. 공부를 하다가 모르는 게 있으면 검색 앱에 들어가 찾아보면 된다.

또 카톡으로 친구나 가족과 자주 대화할 수 있다. 카톡은 채팅이다. 자주 대화하는 사람은 홈 화면에 꺼내어 두면 더 편하다.

마지막으로 스마트폰으로는 유튜브 영상도 볼 수 있다. 유튜브에는 어린이들도 볼 수 있는 교육 영상이나 역사 영상 등 유익한 것이 많다. 보면 쉽게 공부가 된다.

⭐ 잘 읽었으면 질문에 대답해 봐.

1. 이 글은 몇 문단으로 되어 있어?

   ☐ 문단

2. 문단 수를 그렇게 말할 수 있는 기준이 뭐야?

   _____

3. 스마트폰의 첫 번째 장점은 뭐라고 했어?

   _____

4. 스마트폰의 두 번째 장점은 뭐라고 했어?

   _____

5. 스마트폰의 세 번째 장점은 뭐라고 했어?

   _____

6. 네가 생각하는 스마트폰의 또 다른 장점은 뭐야?

   _____

앞에서 읽은 글은 '스마트폰의 장점'을 주제로 쓴 '3문단' 글이야.
무언가에 대해 설명하는 글이라서 '설명글'이라고 하지.

3. 세 문단 독후감상글을 이해해요

이번에는 '독후감상글'을 보자. 책을 읽고 난 뒤에 생각이나 느낌을 적은 글이야.

《아낌없이 주는 나무》를 읽고 쓴 글이야. 문단을 떠올리며 읽어 봐.

제목: 《아낌없이 주는 나무》를 읽고

　《아낌없이 주는 나무》라는 책을 읽었다. 소년이 어릴 때는 나무에게 와서 나뭇잎으로 왕관을 만들고 같이 놀다가, 나중에 커서는 열매, 가지, 줄기 등을 다 가져간다는 이야기다.

　소년은 필요할 때만 와서 무언가를 달라고 하는데 나무가 너무 외로울 것 같다. 필요할 때만 오는 건 나쁜 거 아닌가?

　나무도 바보 같다. 맨 마지막에는 밑동에 앉아 쉬라면서 남은 것을 다 주었다. 나라면 줄기까지 달라고 왔을 때쯤 그만 가라고 하고 나를 지켰을 것 같다.

⭐ 잘 읽었으면 질문에 대답해 봐.

1. 어떤 책을 읽고 쓴 독후감상글이야?

2. 중요한 등장인물이 누구누구야?

3. 첫 번째 문단에는 어떤 내용을 썼어?

4. 두 번째 문단에서 소년이 나무를 찾아오는 것에 대해 이 글을 쓴 아이는 어떻게 생각해?

5. 세 번째 문단에서 글을 쓴 아이는 나무에 대해 어떻게 생각해?

6. 이 책에 나오는 소년의 행동을 너는 어떻게 생각해?

앞에서 읽은 글은 《아낌없이 주는 나무》 책의 내용과 인물들을 보고 느낀 점을 쓴 '3문단' 글이야.
책의 줄거리와 읽고 느낀 점을 쓴 글로 '독후감상글'이라고 하지.

4 세 문단을 써요

다양한 종류의 세 문단 글을 읽어 보았으니, 스스로 세 문단 글을 써 보자.

★ '키우고 싶은 동물'을 주제로 세 문단의 글을 써. **힌트** 질문을 보면 쓸 말이 쉽게 떠오를 거야. 각 문단마다 3문장 이상 쓰고, 다 쓰고 나면 제목도 붙여 줘.

제목:

1문단
힌트
키우고 싶은 동물은?
그 이유는?
그 동물의 매력은?
→ 키우고 싶은 동물이 있다.

2문단
키우게 된다면
해 주고 싶은 일은?
같이 하고 싶은 일은?
만들고 싶은 추억은?

3문단
그 동물을 키울 수 있는 방법은?
만날 수 있는 곳은?
잘 키우기 위한 다짐 한마디는?

⭐ '내가 좋아하는 놀이'를 주제로 세 문단의 글을 써. 힌트 질문에 답하며 써도 좋아. 각 문단마다 3문장 이상 쓰고, 다 쓰고 나면 제목도 붙여 줘.

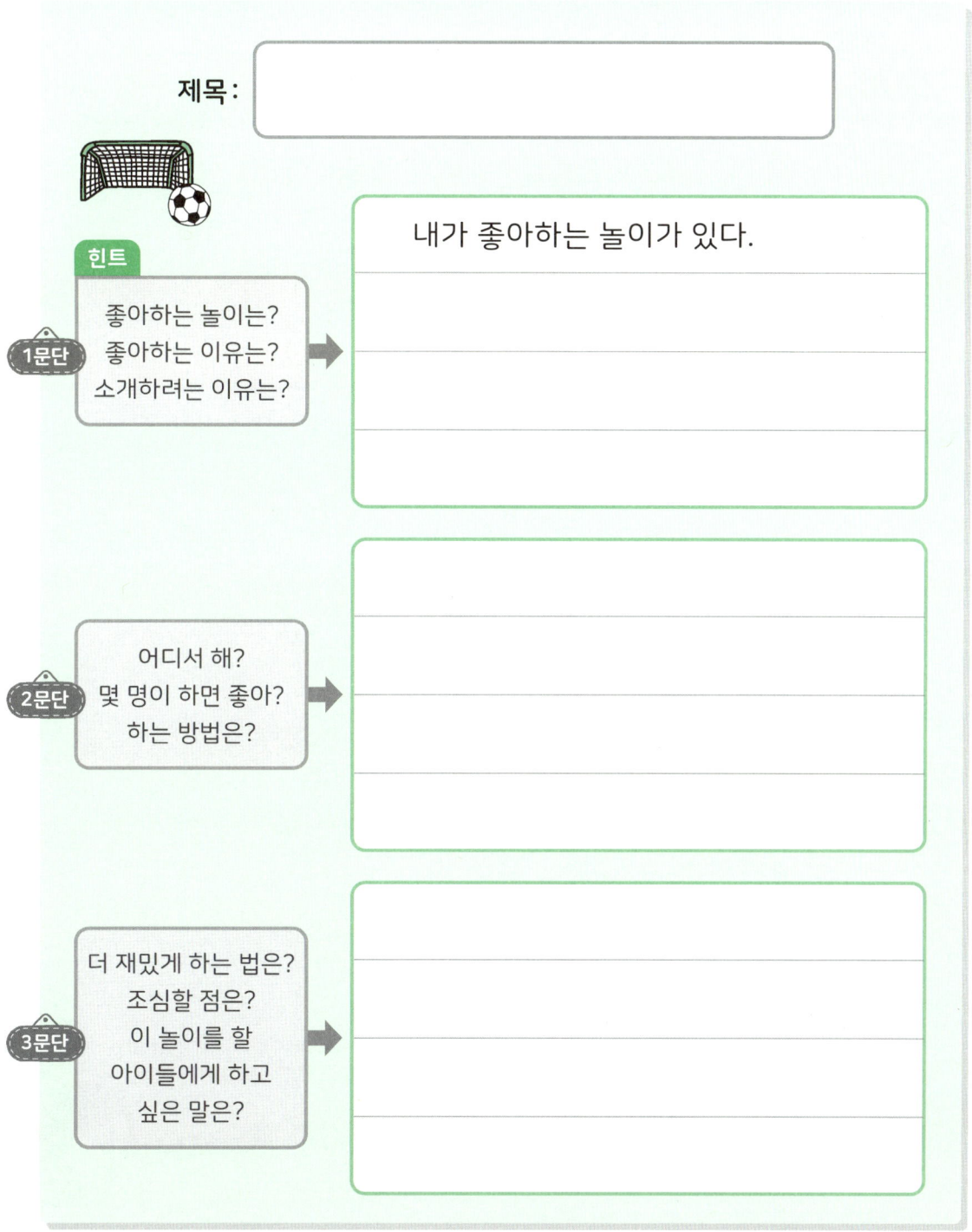

⭐ 문단에 대해 잘 배워 보았니? 보기 에서 단어를 골라 빈칸을 채우며 정리해 봐.

> 보기 문단 | 줄 | 글 | 내용 | 생각 | 비우고 | 뒷받침

1. _____ 이란 어떤 마음이나 생각, 겪은 일을 마음속으로만 떠올리는 게 아니라 종이 위에 글자로 쓴 것을 말해.

2. 문단은 하나의 _____ 이나 하나의 _____ 으로 묶인 글 덩어리를 말해.

3. 단어가 모이면 문장, 문장이 모이면 _____, 문단이 모이면 글이 돼.

4. 문단에는 중심이 되어 앞장서는 중심 문장과 그걸 뒤따르는 _____ 문장이 있어.

5. 하나의 문단에서 첫 칸은 꼭 _____ 써야 해.

6. 하나의 문단에서 문장은 _____ 을 바꾸지 않고 이어서 써.

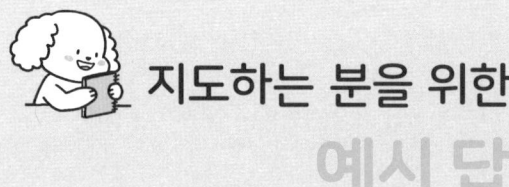

지도하는 분을 위한
예시 답

> **오현선 선생님의 지도 팁**
>
> 예시 답은 책 속 활동에 대해 지도하는 분의 이해를 돕기 위한 것입니다. 명확히 답이 있는 것은 예시 답을 보고 확인해 주세요. 만약 틀렸다면 한 번 더 설명해 주세요. 명확한 답이 없는 것은 책 속 보기나 예시를 참고로 어린이가 스스로 하게 해 주세요. 이 책은 한 문단부터 세 문단까지 개념을 배우고 또 스스로 쓸 수 있도록 했어요. 쓰기가 많은 편이니 무리하지 않고 적절한 속도로 진행해요. 어린이의 글을 보고 진솔한 소감도 많이 나누어 주세요.

 지도하는 분을 위한 예시 답

시작 전 5쪽

*참고용 예시 답이에요. 책 속 설명과 예시를 보고 내 생각과 경험으로 써 봐요.

내가 (자주) 하는 일
얘들아, 안녕? 나는 축구 교실에서 축구를 배워.
내가 좋아하는 것
형과 함께 축구 경기 응원하는 걸 좋아해.
내가 쓰고 싶은 글
형이랑 놀러 가서 즐거웠던 일을 쓰고 싶어.

2장

21쪽

⭐ 오늘은 행복한 날이다. 엄마가 친구네 집에서 자도 된다고 했기 때문이다. 나는 파자마부터 찾았다. 생각만 해도 설렌다.

* 아래 예시 답처럼 나의 이야기로 바꾸어 한 문단을 써도 좋아요.

⭐ 오늘은 행복한 날이다. 삼촌이랑 공원에 가서 놀기로 했기 때문이다. 먼저 2인 자전거를 빌려서 신나게 타기로 했다. 공원 매점에 가서 라면도 먹을 것이다.

내용, 문단

26쪽

어린이의 마음도 다치게 한다. / 어린이는 체벌보다 부드러운 말이 더 필요하다. 등

3장

30쪽

② 찾기 어렵다.

여러 종류가 마구 섞여 있어서 비슷한 종류끼리 모아 서랍에 넣어 두면 찾기 쉽다.

31쪽

양말
모자
윗옷
속옷

33쪽

반찬
동그랑땡
깍두기

35쪽

내가 좋아하는 반찬은 계란말이다. 그 반찬은 한입에 쏙 들어가서 좋다. 짭짤한데 고소하다.

또 좋아하는 반찬은 김치찜이다. 그 반찬은 계란말이랑 밥이랑 비벼서 먹으면 좋다. 맵지도 않고 맛있다.

* 참고용 예시 답이에요. 내가 좋아하는 반찬을 넣어 직접 써 봐요.

37쪽

위 서랍 칸(1문단)
화장실에서 똥을 누었는데 휴지가 없었다. 아, 이럴 수가! 어떻게 할까 곰곰이 생각하다 이렇게 했다.
중간 서랍 칸(2문단)
우선 양말을 벗기로 했다. 다 벗을까, 한쪽만 벗을까 고민하다가 다 벗었다. 한쪽만 벗으면 이상하니까 말이다.
아래 서랍 칸(3문단)
그리고 양말을 휴지로 생각하며 사용했다. 찜찜할 것 같았는데 잘 닦여서 시원했다. 정말 그런지 궁금하다면 직접 해 보자!

4장

41쪽

나는 브로콜리를 싫어한다. 그런데 이모가 브로콜리를 넣은 동그랑땡을 해 주셨다. 고소하고 쫄깃해서 계속 먹고 싶었다. 이제는 브로콜리가 좋다.

우리 집은 항상 시끄럽다. 동생은 계속 운다. 할머니는 텔레비전을 계속 틀어 놓는다. 우리 집은 언제 조용해질까?

47쪽

나는 7월이 좋다.
7월은 일단 내 생일이 있다!
그리고 수영장에 가서 좋아하는 수영도 할 수 있다.

책은 누워서 봐야 즐겁다.
자세가 편하면 벌써 편안한 느낌이 든다.
책을 읽다가 졸리면 바로 자도 된다.

50쪽

1. 내용, 생각, 문단
2. 비우고
3. 줄

* 1번에 내용, 생각은 순서가 서로 바뀌어도 돼요.

5장

54쪽

중심 문장(왕)
오늘 속상한 일이 있었다.

뒷받침 문장(신하)
며칠 전에 강낭콩 씨앗을 심었다. 그런데 오늘 학교에 다녀왔더니 썩어 있었다. 물을 너무 많이 주어서 그런 것 같다.

뒷받침 문장은 모두 3문장

① 중심 문장이 말한 것의 이유를 설명하기 위해

55쪽

중심 문장(왕)
가족끼리 좋은 말을 하면 사이가 더 좋아진다.

뒷받침 문장(신하)
예를 들어 '수고했다.'라고 말하면 힘이 솟는다. '사랑한다.'라고 하면 기쁨이 차오른다.

뒷받침 문장은 모두 2문장

② 중심 문장이 말한 것의 예를 들기 위해

57쪽

★ 겨울은 참 좋은 계절이다. 눈싸움을 할 수 있어 신난다. 썰매장도 갈 수 있다. 호호 불며 먹는 붕어빵은 꿀맛이다.

* 뒷받침 문장인 신하의 순서는 먼저 말하고 싶은 대로 바꾸어 써도 좋아요.

59쪽

★ 돈이 있으면 여러 가지를 할 수 있다. 내가 좋아하는 포켓몬 카드를 살 수 있다. 가족과 맛있는 외식을 할 수 있다. 친구랑 편의점에서 간식을 사 먹으며 놀 수도 있다.

* 마지막 문장은 예시 답이에요. 돈이 있으면 또 무엇을 할 수 있는지 예를 들어 주는 뒷받침 문장을 스스로 써 봐요.

60쪽

중심 문장(왕) 맛있는 음식은 나누어 먹자.

2 나누어 먹으면 정이 싹튼다.
1 혼자 다 먹으면 얌체 같다.
3 아까울 수 있지만 나누는 행복이 더 크다.

지도하는 분을 위한 예시 답

4 서로 더 친해지게 해 준다.

★ 맛있는 음식은 나누어 먹자. 혼자 다 먹으면 얌체 같다. 나누어 먹으면 정이 싹튼다. 아까울 수 있지만 나누는 행복이 더 크다. 서로 더 친해지게 해 준다.

* 뒷받침 문장인 신하의 순서는 내가 말하고 싶은 의미대로 바꾸어 써도 좋아요.

61쪽

중심 문장(왕) 비 오는 날은 참 좋다.

1 빗소리가 음악 같다.
4 내 마음도 덩달아 깨끗해진다.
2 장화를 신고 걸으면 신난다.
3 그치고 나면 세상이 깨끗하다.

★ 비 오는 날은 참 좋다. 빗소리가 음악 같다. 장화를 신고 걸으면 신난다. 그치고 나면 세상이 깨끗하다. 내 마음도 덩달아 깨끗해진다.

* 뒷받침 문장인 신하의 순서는 내가 말하고 싶은 의미대로 바꾸어 써도 좋아요(지금 문장 3 뒤에는 문장 4가 오는 게 자연스러워요.).

8장

85쪽

1문단 중심 문장(왕) 눈싸움을 할 수 있다.
2문단 중심 문장(왕) 눈사람도 만들 수 있다.

89쪽

★ 다른 한 가지는 지우개다. 집에 있는 지우개가 다 부스러졌다. 아주 큰 지우개를 사서 오래 쓸 것이다.

1문단 중심 문장(왕) 한 가지는 편지지다.

2문단 중심 문장(왕) 다른 한 가지는 지우개다.

93쪽

★ 어제는 정말 속상한 날이었다. 속상한 일이 연달아 있었기 때문이다. 아침에는 숙제한 것을 못 찾아서 학교에 지각했다. 그래서 선생님께 혼났다.

★ 점심에는 더 속상한 일이 있었다. 급식을 받아 오다가 실수로 급식 판을 떨어뜨려서 바닥과 옷이 엉망이 되었다. 쭈그리고 앉아서 치우는데 괜히 눈물이 났다. 어제는 모든 걸 잊고 싶은 날이다.

94쪽

★ 이번 제주 여행은 환상적이었다. 첫날 도착하자마자 우리 가족은 흑돼지를 먹으러 갔다. 너무 맛있어서 4명이 6인분이나 먹었다. 배가 부르니 행복해서 가는 곳마다 좋았다. 실컷 돌아다니다가 숙소에 와서 곯아떨어졌다. 둘째 날은 바다에 갔다. 제주 바다는 언제 보아도 좋다. 예쁜 벤치에 앉아서 사진 찍는 것도 좋았다. 사진을 50장도 더 찍으며 신나게 놀았다.

95쪽

★ 오늘은 정말 정신없는 날이었다. 아침에 늦잠을 자는 바람에 학교에 늦을까 봐 허둥대며 뛰어갔다. 1교시를 마치고 화장실을 가려고 하는데 준비물을 안 가져온 걸 알았다. 그래서 엄마한테 전화를 하느라 결국 화장실도 못 갔다. 학교를 마치고 집에 와서는 간식을 먹으려고 하는데, 학원 선생님께 전화가 왔다. 오늘부터 2시 수업인데 왜 안 오냐고 하셔서 '아차!' 하고 바로 달려갔다. 대체 내 정신은 어디에 있는 거지?

96쪽

> ★ 2교시 미술 시간에 있었던 일이다. 선생님이 내 그림을 보시더니 색이 창의적이라고 말씀해 주셨다. 나는 기뻐서 웃었다. 내 짝도 그림이 멋지다고 했다. 그런데 곧 짜증 나는 일이 생겨 버렸다. 옆을 지나가던 진우가 내 그림에 물을 쏟은 것이다. 엄마한테 자랑하려고 했는데 못 하게 되어 너무 속상했다. 사진을 찍어 두지 않은 게 후회되었다.

'그런데 곧 짜증 나는' 앞에서 문단을 나누었다. 기뻤던 마음이 짜증 나는 마음으로 바뀌게 되었기 때문이다. 마음이 변하는 곳이 문단을 나누는 기준이 되었다.

9장

108쪽

1.
- **1문단**: 내가 되고 싶은 사람을 생각해 봤다. 나는 날마다 웃는 사람이 되고 싶다. 엄마는 웃는 사람이 행복한 사람이라고 말씀하셨다. 웃으면 주변 사람까지 행복하게 만든다.
- **2문단**: 그리고 친절한 사람이 되고 싶다. 말과 행동이 친절한 사람은 다른 사람을 도울 수 있다. 다른 사람을 돕는 일은 나를 멋지게 만든다.

2. 글 전체의 중심 문장: 내가 되고 싶은 사람을 생각해 봤다.
3. 1문단 중심 문장: 나는 날마다 웃는 사람이 되고 싶다.
   2문단 중심 문장: 그리고 친절한 사람이 되고 싶다.
4. 내가 되고 싶은 사람

* 4번의 제목은 예시 답이에요. 내가 생각한 대로 붙여 봐요.

10장

111쪽

1. (첫 번째 줄) 어제
   (세 번째 줄) 처음에는
   (일곱 번째 줄) 그러다
2. 내가 꼬마에게 그네를 양보해 주었다.
3. 양보해 줘서 고맙다고 했다.
4. 3문단
5. 아이는 그네를 어느 정도 탔으니까 꼬마에게 양보한 게 잘한 거라고 생각한다.
6. 양보하면 사람들이 고맙다고 여기니까 나도 좋은 일이라고 생각한다.

* 5~6번은 예시 답이에요. 내가 생각한 대로 써 봐요.

113쪽

1. 3문단
2. 스마트폰의 장점 3가지를 각각 문단으로 나누어 설명했다. 첫 칸을 비운 곳도 3군데이다.
3. 인터넷에 들어가 모르는 것을 찾아보기 쉽다.
4. 카톡으로 친구나 가족과 자주 대화할 수 있다.
5. 공부가 되는 유튜브 영상도 볼 수 있다.
6. 모르는 길을 갈 때 지도 앱의 안내를 보면 편하다.

* 6번은 예시 답이에요. 내가 생각한 대로 써 봐요.

115쪽

1. 《아낌없이 주는 나무》
2. 소년, 나무
3. 소년이 나무에게 찾아와서 놀거나 필요한 것을 가져갔다는 줄거리를 썼다.
4. 필요할 때만 와서 무언가를 달라고 하는 것은 나무를 외롭게 할 테니까 나쁘다고 생각한다.
5. 자기를 지키지 않고 모든 것을 내어 준 나무가 바보 같다고 생각한다.

6. 소년의 행동이 얄밉다. 받기만 하지 말고 새 나무를 심는 것처럼 나무에게 보답을 했어야 한다고 생각한다.

* 6번은 예시 답이에요. 내가 생각한 대로 써 봐요.

118쪽

1. 글
2. 내용, 생각
3. 문단
4. 뒷받침
5. 비우고
6. 줄

* 2번에 내용, 생각은 순서가 서로 바뀌어도 돼요.

* 10장에서는 생활문, 설명문, 독후 감상문을 쉬운 말로 바꾸어 생활글, 설명글, 독후감상글로 표기했어요. 이와 같은 종류별 글쓰기는 3권 완성책에서 자세히 배울 거예요.